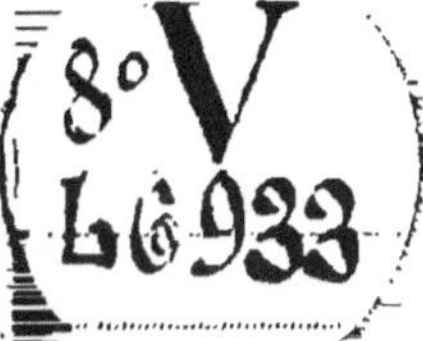

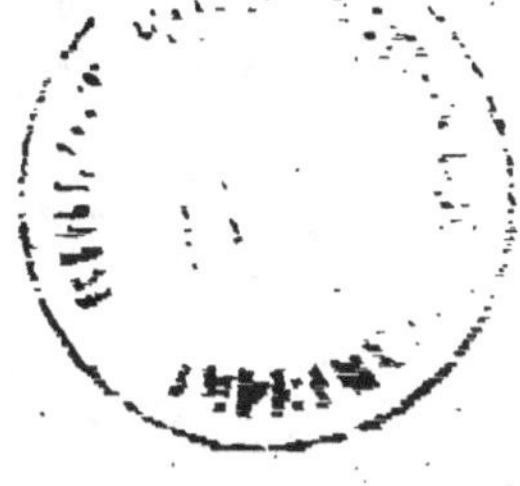

Compagnon
de
L'AMATEUR
de
PORCELAINES

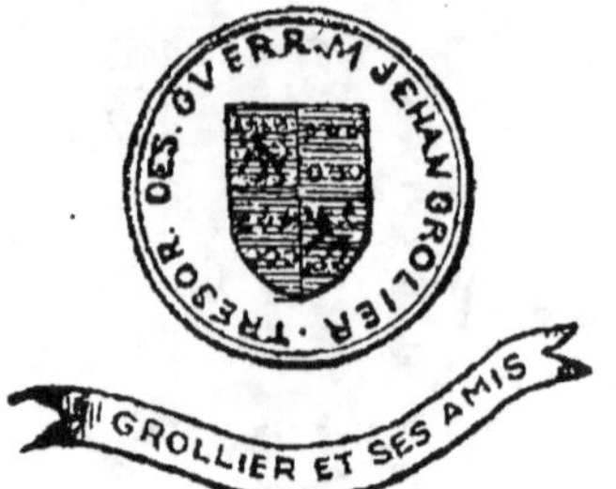

TRESOR DES OVERR. M JEHAN GROLIER
GROLLIER ET SES AMIS

Résumé alphabétique

des

Marques de Porcelaines

de toutes les fabriques

européennes

PAR

Ch. DE GROLLIER et A. POPOFF

PARIS

A. POPOFF ET Cⁱᵉ

ÉDITEURS ET PROPRIETAIRES

48, Rue Cambon, 48

A Madame la Comtesse de ROHAN CHABOT

je dédie ce dernier ouvrage

du dernier des

GROLLIER.

AVANT-PROPOS

Me trouvant dans l'impossibilité de terminer cet ouvrage réclamé par tant d'amateurs de porcelaines et qui devait leur être tellement utile à tous, j'avais dû, à mon grand regret, renoncer à le faire paraître. Que mes compagnons céramistes se rassurent. Non seulement mon travail ne sera pas perdu, mais il va s'enrichir des documents nouveaux inédits, que je ne connaissais pas. M. A. Popoff a bien voulu le prendre en main et le mener à bonne fin.

Ami des arts et des porcelaines en particulier, entouré des documents les plus précieux il est parvenu à une connaissance parfaite de la céramique. Il a su former, en Russie, une collection des porcelaines des plus remarquables. Son érudition, aujourd'hui, est indiscutable, C'est donc en toute confiance et reconnaissance que je lui remets le travail commencé.

Ce livre qu'on peut appeler le Compagnon de l'amateur de porcelaines, a été réduit à sa plus simple expression, afin de pouvoir le porter toujours sur soi. C'est le complément résumé de mes manuels et répertoires parus en 1914 et 1922. qui permettra à l'amateur d'avoir toujours sous la main les indications préliminaires et nécessaires pour identifier par les marques et les noms de fabrique les porcelaines qui lui seront présentées. Si l'amateur possède mes trois volumes cités plus haut, il pourra, en rentrant chez lui, arriver à une identification plus complète.

II

Ce livre comprend les marques de toutes les manufactures européennes, classées par ordre alphabétique
de **A** à **Z**, et celles qui sont représentées par des figur-
rations, également classées par ordre alphabétique.
Elles sont groupées par nation, la France en tête.
Chaque marque est placée dans une case, dont les traits
deviennent au pointillé, quand elles sont adjacentes et
appartiennent à la même fabrique.

En thèse générale, la place alphabétique de chaque
sigle a été indiquée par la partie du sigle qui frappe le
plus la vue. Un numéro accompagne chaque marque
et correspond avec le même numéro dans la liste des
manufactures placée à la fin du volume. Ce numéro
n'est pas répeté dans les cases au pointillé qui appartiennent à la même manufacture.

Lorsqu'une fabrique possède des marques d'un même
esprit et différant peu entre elles, on n'en mentionne
qu'une seule, en ajoutant dans la liste des manufactures
l'abréviation de similaire, soit **simi.** On s'est servi de
même d'abréviations pour les mots souvent répetés. La
liste en est placée après l'Avant-propos.

Les marques russes sont divisées en deux parties, la
première allant du n° 318 à 324, comprend celles en
caractères français, la seconde allant du n° 333 à 361
comprend les marques en caractères russes.

Si M. Popoff s'est résolu à s'écarter de la méthode si
claire adoptée avant lui, c'est pour respecter le travail
commencé et pour n'avoir pas à remanier toutes les
planches.

En Russie, les fabriques sont désignées par le nom
du directeur ou du propriétaire, en mentionnant le gouvernement dans lequel elles se trouvent.

Afin d'éviter des frais très considérables, et d'arriver
à un prix de vente plus abordable, on n'a représenté,
pour les planches, que le fac-similé photographique
du manuscrit.

J'espère avoir comblé une lacune importante dans
l'histoire de la céramique européenne. Dans aucun pays,

n'avait paru un résumé aussi complet des marques (soit 3101) et aussi facile à consulter. Jusqu'ici les livres de marques de porcelaines **européennes** n'avaient donné que les sigles principaux, connus de presque tous les amateurs et dont le total ne dépassait guère le nombre de 1506.

Ci-gît mon dernier livre.

Ch. De Grollier.

ERRATA

P. 18, l. 2, case 1 = Creil a le № 32 et Crépy le № 31.
P. 101, l. 1. case 1 = Aigle imp^{al} retourné.
P. 101, l. 2, case 2 = Marque déformée.
P. 102, l. 1, case 1 = Devant Fronoff manque co.

ABRÉVIATIONS

av.   avant.
b⁴.   boulevard.
Ca.   Case.
Coul.   Couleur.
décᵒⁿ.   décoration.
d.   dure.
fab. imp¹ᵉ   fabrique impériale.
f. f.   faïence fine.
G¹.   Gouvernement.
l.   ligne.
M.   Marque.
p.   porcelaine — suivi d'un chiffre page
pᵍᵉ.   passage.
r.   rue.
simi.   similaire.
v.   vers.
V.   Voir.

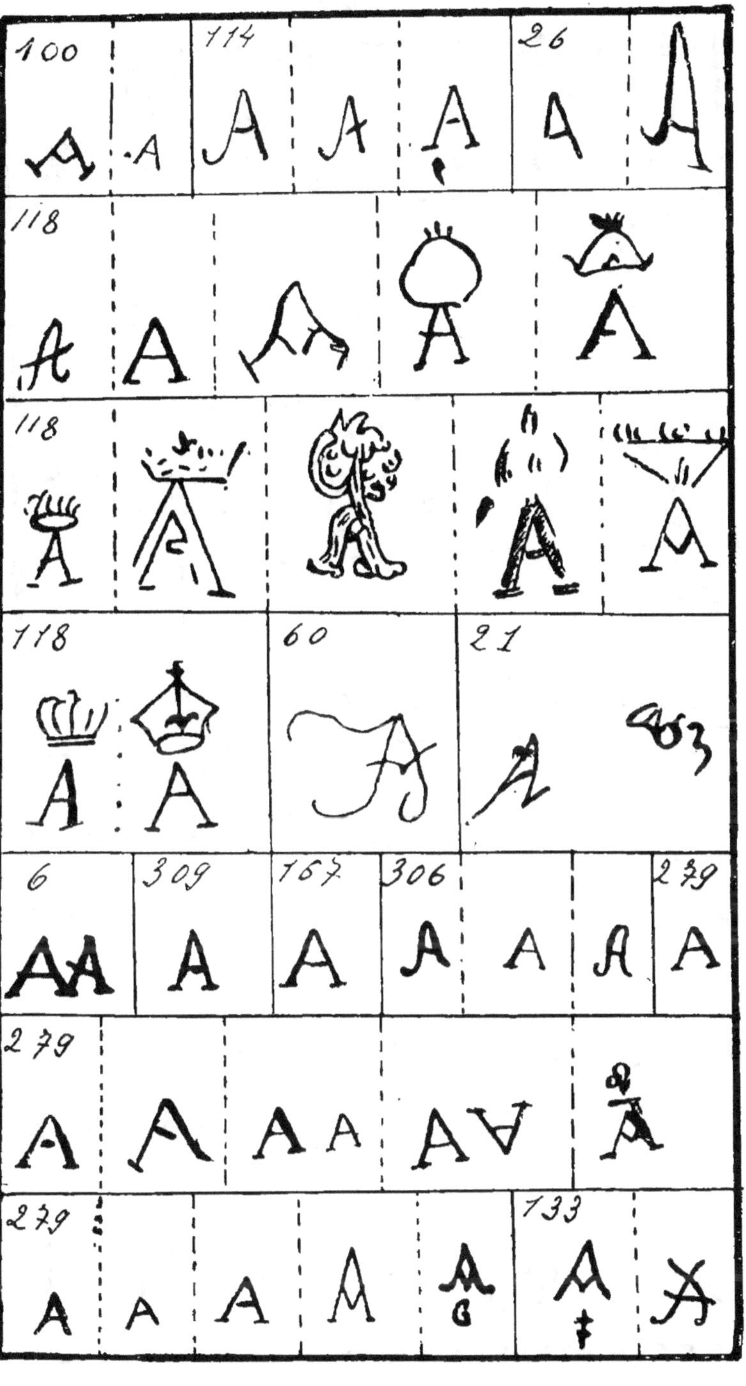

133	285	193	270	323	
323	286	133	270		30 8
133	114				82
114 Ab:Schilt		112 CC.B Sa		332 A.J.V.	
232	244	213 1AB	243 A&B Kealing		
230 R.Abbey Sculp.		245 Absolon yarm		279 Ac	
332	184 7		154 A.C DX		

114			47 bis
47 bis	62		306
271	243 — ADAMS	W.ADAMS	226 — J.ADAMS&Co
222 — ADAMS	270 — A Dieu seul l'Honneur et à personne autre 1719		332 — AD USUM BELGII AUSTR 1781
158	271	301 — A.E.W.	322
322	114	317	180
259	301		68

(Marque circulaire 306 : ECOLE NATIONALE LIMOGES — A D)

10 (AR monogram)	(crowned AR monogram)	(crowned G monogram in circle)	*154* AGNI 1775 AG DX		*133* A I
133 (Λ mark)	*280* AL	*246* AX	*277* A.J.M	*184* AL	*250* A.L
114 A.L 2		*33* AL	ALA MANUFACTURE DE PORCELAINE RUE DE CRUSSOL POTTER 1792		B.P. 5 SOLS PAYABLES EN ASSIONATS DE 50ᴸ
214 Alcock & Cᵒ HILL POTTERY BURSLEM		*83* à l'Escalier de Cristal		*61* alille	
279 Alcora	*233* aPPen Lowestoft		*51* Allard		
247 Altramn MZ	*114* AM	AM		*132* Amberg 4	
184 Amberg 1774	Amb. 1774		*240* AMERST. JAPAN Nᵒ 824		
306 Amstel	Amstel				

247

A.N

332

A. niello

276

ANCIENNE MANUFACTURE
IMPERIALE & ROYALE.
SUJETS
RELIGIEUX
MOUZIN LECAT & Co
NIMY

137

anno 1742

271

fabriquant PARIAN Manière Sevres
A
ANDENNE
7

250

Ant.us Anreiter
VZ: 1756

68

D:T: ANTOINE
FAIT r

28

Anstett

178

X
ANT. FRIZ
3PM NR05

96

·A·P

96

A. P.

114

N   ÆR

322

A

322

AO

A.P.

332

A P

256

R

A.P.H

286

Apiello

49

André fabriquant Porcelaine
notre Dame Nazareth 96.98

244

IM
April 5
1770.

6				
A R	Ↄ	A̅R	AR 20	ℛ
180				(crown)
ℛ.	ℛ	ℛ	✳	ℛ
114	178	332	238	184
(A mark)	AS	A̶o: S: 1740 Dia 15 May	ASTBURY	Auer
184 Auer pinx: 1806 (shield) I.	289 A	AUGUST NOWTN IN ALTROHLAU BEY 247 CARLSBAD		
12	277	244	277	180
(A in circle)	N 2	⚥ A ✗	AŸ	Ajier
9			128	
ℬ	ℬ.	ℬ	ℬ	B B .B B
129			114	
ℬ	B	ℬ	ℬ	ℬ. ℬ B ℬ

114		100	277	137		332

| 322 | 277 | 137 | 217 | 211 | 244 | | |

| 180 | 213 | | | | | 273 | |

| 273 | | 163 | 27 | | |

| 27 | | | | | |

| 27 | 213 | | |

| 211 | 332 | | |

B=76 | I & E. BADDELEY | R & J. BADDELEY

226

Pu Bº
By G. BAGULE'
20 July 1818
Hanley
Staffordshire

58

BAIGNOL
Fabricant
à Sᵗ Yrieix

78

332

BAKKER

318

Baranuwka

295

BARONI NOVE

244

Barr Fligt & Barr
Royal Porcelain Work
Worcester
London House Nº 1
Coventry Street

114

BARRIAT

332

BATTY &Cº

180

Baz

137

F. M.
Bäyreuth
1744

244

BARR FLIGHT & BARR
WORCESTER
FLIGHT & BARR
COVENTRY Street LONDON
Manufacturer to Their Majest
and Royal Familly

121

121

G.
Bayeux

VL
Bayeux

40

B

209

Bayswater
J

114

B

DP

139 G. Beck auf der Porcelain Fabrik Gⁿ zu Blankenhain	*158* RR AG Beck

277 Belin	*138* F. Berger fe.	*5* Bernon Rue de g. 'Arbresed!

5 Bernon	*129* B.^{et} S. paris	*241* EVINGTON & Co SWANSEA

180 BeS	*114* Bf	*137* B FAF	*278* B & G

244 F.B.B	*286* BG	*138* C.J. Rieg fecit	*234* Billingsley

162 B H S G	*226* Birch	*210* Birmgh^m	*60*

60	*137* BK	*248* Bistritz	*323* BK

305 B.L	(B.L. I) L 180	332 BL53	271 BLL 10
82 L	78 Bl	33 E. BLANCHERON — A PARIS	15 Bla R
blau VDM roth.	138	220 BLOOR DERBY BLOOR DERBY	78 BN
114 Bn.	78 Bl	B N NBHI	129 BN
154 BMP	305 P.J BOCH o Luxembourg	277 Boch Buschmann a Mettlach 13	
305 BOCH LUXEMBOURG 18		329 Bonnard & Cie	
42 Bondeuy		12 BORDEAUX	277 E·H … Bostt

140 Bottengruber f Wratisl: 1727	54 Boyer f.ᵗ de Feuillet	21 Bouleu
33 B Potter 2	15 · B R · B R	B R N · B.B
114 Brachaïd f. 1820	162 Bruconoach et Limbach Gruber	242 BRAMELD
244 BRIMSTREE LOYALLEGION	127 Bringeon	213 Bristoll
	180 Brist	222 C.Brown · 141 Bruckberg Fabrique
243 G.BHOWERS TUNSTALL. POTTERIES	273 Bruu	158 Bruning fait · 273 L.C Brux
332 Bvδ	174 B.T	21 B TC · 213 BURKE CHAMPION 1774
167 Busch 1747	1763 Busch	

332	128	114		700
ℬx	ℬ x	ℬx ℬy		C.

322		106			14
C	C	ᴜ l	☾	C	L

106	14		114	280	
C.	C	·C	C.	C (crown) x 50	C C

216		237.	277	278	
C	C	C	c	C	Cʃ

322	286	21	178	114
CA	C (crown)	(teapot)	AD	x ꝺ e t

303		17	287
CA:: Mi M? ♈		iC A E N	⚔ CA **N.S.**

184	184	254
CH HS	(hatched) C? 8	*Carl Knoll Tischern in Carlsbad*

184	254	303
A 7 ⊡	Carl Knoll CARLSBAD	ca. pinx.

261	275	220
CARLSBAD 55	DD & Cᵒ CASTLEFORD POTTERY	J. Caultun 1804

16	244	211	184	774
B	›B	CB	B·	C.C.

78				
X	X	X	X (crown)	N.M.

78				
X	X	X (crown)	X

774				180
				C C

230			
X	X	X X	X X°

178					
178				W:3M 52	V.3.M
178 IKM			62	CD	62
62 CD	C·D	C. J.		62 CD	C.D
62 CD	218 C.D.	277 c:d10	218 D	237 C"H	114
280 C.F	208 CF	240 C&G			277 G G B.P
95 CH	CH		114 ch	Ch.C	
238 C&M	244 Chamberlains		Chamberlains Worcester		

22 CHANTILLY.	129 chapperon

48 Chapelle
19 B des Italiens
Medaille Exp 1844

114 C.H. DREUX

CHATEAU DE St CLOUD

114 PAV DE BREJEUIL

CHATEAU DE FONTAINEBLEAU

Chaudet f (SEVRES)

24 Chatillon	154 CHC 1772	184 C.H.C.	114 Ch.C.

277 Chedel inv

chedel 10

217 Chelsea 1745

222 A.CHELS.Co 1748 Tassie F

229 Chatham and Woolley Lane End 1798

243 CHILD

129

Chi...

283

CHINA OPACA
R. FABRICA
SARGADELOS

180

C.H.K.

230

CHRISTIAN

92

CH. MENARD
PARIS
72 rue de Popincourt

332

Christian A. Ridass
Senior
25te Nov 1767

33

C H.
potter
a paris

219

CLEWS
Warranted Stafford...

154

CHZ

184

C.H.Z

211

114

C.L.

CLIGNANCOURT
M

27

M

59

C.M.
+

178

1813

329

M

273

S   C.M.B

114

C.m

78

N

N

N   12

129

C. no1.

114 C n	*218* Coalport	(crown) COALPORT AD 1750	*220* G. Cocker
220 W.J. Coffee	*146* COLDITZ	*28* Colmar	
220 (mark) COBB	*114* Collet f an 1799	C.H. Conditorey 17. *184* 1771.	
W. Cookworthy's Factory Plymouth .1770. *237*	*240* COPELAND	COPELAND AND GARRETT (mark)	
74 16 Bd Montmartre COUDERC PARIS	*48* Gosse Maillard Bd italien 17-19		
78 Couf TERRE DE LORRAINE	Coustaut	COURTENEY Luk BLOOR 34 OLD BONDS *220*	
301 F COZZI 1780	*114* C.P	C.P CP	*32* C.P

102	180		C.P.C	301	
👑 C P	**CP**		C.P.C	C.P. N.3.	C.P.O Li:/o

114			32
.C R	CR	CREIL	crepy

273	277	287	114
L. cretté Brux	Crombez Henri à son agu A. Combrer	cs	C.%.

154				244
I FB		T	Mc	C TJ

129	145			235
Cusséy	CV		D	C.W

270	180		100
CZ a	C X	CYFFLE A LUNEVILLE R 68	D + D.

D	D.	D	D+.	D X	71 .Ɔ

71	174			
D	D	D	D	D.

82	27		237	114		328
D	D	D	D			*D*

150	220					
D	D	D	D	D	D	

220		237	329	331
D	D	D	D	·D·3

180	21	106
D 48 33		Dagoty

106	80	218
DAGOTY A PARIS	Dagoty frere	C.Dale

251		149
DALWITZ	XVII DALWITZ	DAMM

240		219
H&R Daniel	S.Daniel Stoke	R:DANIEL

92 *Darte ainé à Paris*	23 *Darte frères* *Rue de la Roquette* *N° 90 faub. St* *Antoine* *à Paris*
114 *Dastin*	
11 *Dastin*	23 DARTE *Palais. Royal* *N°21*
11 *Dastin Tr Dr à Bar*	
231 *Davenport* (anchor)	30 D C, 8
DAVENPORT LONGPORT STAFFORDSHIRE	71 D, C, P,
13 DAVID Johnston BORDEAUX	71 D, C; U
	329 D C
114 *De Gault.*	MANUFACTURE NATIONALE RF DECORE A SEVRES 1902
	DECORE A SEVRES R 1903 F
	158 D D R

6		294
Telemer l'an 1771 A R		del Vecchio N.

117	310	33
DEMONT R.Taranne PARIS	DE MILDE	DENUELLE A PARIS

De patte *desp*		180
21		Der P

220	29	50
DERBY. / DERBY	Jeroche T	

83	93	114
Desarnaux *à l'escalier de* *cristal à pari.*	DESPREZ Rue des Récollets A PARIS	

114					293
D.G	D.G.	D.h.	D.I	Dc	Dj

129 — Di.Vier 1856

10 — Dihl

DIHL

114 — Dp

114 — Dp

241 — DILLWYN & Cº

D   M 60

129 — D.M.

114 — D.M.

76 — D

71 — 30.0

176 — L Docksy

W.D.Dommer Furstenberg ξ:15ξ Decernd 1767 *158*

184 — Dominicus Anticzek

Donovan's *221* Irish Manufactur

221 — DONOVAN 481

Donovar Dublin

114 — MANUFACTURE NATIONALE RF DORE SEVRES 1902

DORE SEVRES 1900

529 — DORTU et B

DORTU & Cie

327 — Dortu Vet Be

327 — ION DORTU & Cº

114 — D.S

D.R

21 — D:R

40 — DP 1772

332	150	301	114	113
D.R.	Dresden	D.R. / Γ E.	ds	D.S↗

114			61	129
D.E	DT	D T		Du

71	29	25	332
D.V.	Dubon	Duhamel	DUDSON

220 DUESBURY DERBY	222 DUPRE.F	151 DURLACH	222 DUVIVIER

71			
.D.V.	D.V	DV	D.V.ch.

71		DV	1911 18f
	D		D.V. 53 — 1911

71	DY	114	
D.V.S		D.y	dz

180		244	295	237	211
Ɛ	Ɛ	E	E	E	Ɛ	.E

323	60		414	E A / A
114			273	33 · E.B · E.B
33 40	180 Elonl		Eberts	273 L. C. Ebenftein
273 BM B.	304 D ECHTERNACH 13		114	E. ᵈᵉ M
332 (E,D / A,D)	238 Edouard Philips / Shelton Staffordshire		332	180 E E
114 E EF			137 E·H·	228 EIKIN KNIGHT & Cᵒ
138 E Pater	41		213	114
152 Elgers E.D. & Cᵒ Burg	273 Elias Petersen		114	

138	294	222	247
E M	E M G N	Émile Lessore E Lessore	Ɛ N

247	222	31	240
Ɛ N	ENGLAND	ENGLISH PORCELAIN L M & Cⁱᵉ	English Porcelain MINTON 9646

226	218	274
ʃ P O English Porcelain G. BAUGULEY	W.T ENGLISH PORCELANY I R & Cᵒ	ENOCH WOOD & SONS
		243 — Enoch Booth

274	114			
Enoch Wood Sculpᵗ 1777	P	R	ER	Ɛ ʃ

332	114	83	288
Ɛ	S	Escalier de Cristal MINTONS	ESTE ×1783×

288	114		36
este c F	E	E T	Etiolles 1770 Pellu

114	21	114				
Ɛ·ʒ·	F	F	F	F	F	F

174	180		158			
f	*f*	*F*	*F*	*J*	*F*	*F*

158			211			
F.	*F* 1758	*F3*	*F*	*T*	*T*	*ρ*

244	211	278	286	757	758
f	*T*	*J5.*	*Fx* ×	*F* (crown)	*F A D*

180	FAbr.ᵃ Gemin.º Gozzi in Venezia Ellagostino 1766 (anchor) 301	Fab. Baroni Nove. 295

PABRIQUE DANS LE Dept du MORBIHAN PAR SAUVAGEAU A LORIENT   67

Fabrique du Pont-aux-Choux   89   279   Fabᵉ de Aranda A

61 fait par Lebrun à Lille   273   Faber à Bruxelles

293	163	167	244	
F.B.	F B	B (crown)	A	F B B F.B.B

114 F.B	B	FC	FC

158 C.Pa F

129 f DuBoy f.	*294* FDV N.	FDV N	*332* FE

180 E.	*158* FE	*129* FY C	*114* E. Forgeot

158

Jecit
Johann Friedrich Borger
Furstenberg 22 Decembr
1769

31 FELSPATH PORCELAINE LM &C

224 FERRYBRIDGE	*240* FESPAT CHINA N 1567	*54* Feuillet F.

180 Ff	*332* FF	*299* FF IH 112	*260* FF	*158* FF

157 F. Rit F	*180* FFG 92	*158* F FN.o2 R

114			261		249
F.G.	*F.G.* (monogram)	H	FGW.	F G	Job. Fischer 1823

249	332	270	
J. FISCHER BUDAPEST	M. Fischer	Firstler pinx	*R* (monogram)

103		129	103	244
	Flamen Fleury a Paris	Flan	Fleury	Flight

244	238	174
Fligt Barr & Barr Royal Porcelain Works	Fletcher & Co. Shelton	F M

174	260	62	174
FM	FN	Fontaine F. 1770	E. Forgeot

301	224	280
Fortunato Tadevazzi fece Venesia. 1763	B foster	Fota No 1

	129	240	174	
f Carr. I. Bocourt		G.W Fountain	P	f P

260	70		263	
FP	R	R	F&R	F & R

286   178

178   332

FK
MI

FREILING & Cº

230   244   138

Fra. Lege sculp

Franee S.
Tames
1770

G Frick

332   21   114   332   157

FS   ƒ S   Ft   F.T   Fulda 1784

301   158   114

FvP   F   W   ƒx   G

100   21   10   138   138

·G·   ·G·   G   G·   G

220   180   159   216

G   G   G   G   G   G   G

216   332   322

Jr   G   G   C   G   G   G   G

277	161						162
·G	G	G·	G	G	G	G	

198	323	295			P.Hy. Gastel 154
	G···				

81		114	3
Gailliar passage de l'opéra		GARDE·MEUBLE DE L'ÉTAT	Gambier

46	729	163
Gaugain	Gautherot	G B G

163	332	114		328
G B	G.B.F 1783	GC	Gd.	P.M Genève

329	114		780
PM Geneve	George Lamprecht		George Ernst Keil Maismien 6 Juli 1724

George Grainger
Royal China Works
Worcester

244
114
G·G

159 **Gera**	277 `G G B.P`	287 **Gerona**	303 `G f`	418 `G.A.`
332 `G Ø f`	114 `G I`	287 `G I`	114 *Giboy sculp.*	329 *Gide 1789*
44 `G I E`	161 `G.JFC 3` / *nm ino: 29*		85 *Gille à Paris* ymfran	
287 **GIN**	**GINORI**	295 *Gio Batta Fabri Fecce*	286 *Giordano*	
Giovene in Napoli 286 *Ta*		294 *Giustiniani* `I N`	161 `G K`	
114 `GE`	240 **GLOSE & Cº LATE W. ADAMS & SONS STOKE UPON TRENT**	286 `G L P`	161 `G M`	
G.M 301 (anchor)	277 `G M`	270 `G M`	322 `G N°1 93`	114 *Gob.R*

114 J. Goddé	*160* GOGGINGEN	*29* GOSSE Rue JJ Rousseau A PARIS

121 — GOSSE BAYEUX

Wm GOULDING June 20ⁿ 1770   *227*

222 J. GOSSET

161 Gotha

201	*332*	*180*	*225*	*292*	*70*
GP	G. P. 1801	Gr	GR	GR D	R

66

62 G R et Cie

Gr a Par   *129*

154 L Grand 1786

244 GRAINGER LEE & Cº WORCESTER

Greiner 1768   *193*

223 GREEN FENTON

405 Grofs 1779

114 Gu.

G.t.

E. Guignet   44

Gutelle flu Victor   129

179 GUISCHARD M 20

19	114	116			
GUY		M	H	h	H

116			100	114	
H.	H	H	H	H	H

102			180	332	178	211
h	h	h	h	H	H	H	H

260	295	154				
H	H	R	V	h	H	H

154		244	323		
H	H	H	H		H

203	265	238	
W J: Haag	A. Haas	C & H late Hackwo	HACKWOOD & Cº

125	222	
	W. Hackwood	:A:Hall 1797. AH
	72 halley 278	

244

R. Hancock fecit

454

J. A Hannong 1764

229

HARLEY

T. Harley Landend

Rob.t Havard
1761

233

116

H B

114

H B

B.

h c

143

H.t P.t
HC

143

HC

154

HCᶜGv
γ

116

H
C 28

H
C . 7

114

HCR

114

h. D.

65

H R Cᶜ
L

106

h r C nie

H z C

172

HD

IN

HD

HD
n

324

HEBRIX

126

h el L

181

Mud S Heimerdinger
Hamburg

184

Heinzmann 1830

203	222	240
Meinrich Maag.	Henning F	HEO 870

230	257		27 149
HERCULANEUM	Herend	HEREND	Herger

180	270	125	114
C.F Heroldt fecit	K. Herr	H $\times$ P L V	HF

116	260	331	154	158
H F 20 2011	HH	HI	HI	Hinze pinx .6 N

154	180	125	261	322	332
HIO	H J	H. J & Co V	HK	HK	HK

154	116		114	126
iK	HK	R.	HL HL	hLL

126	178	168	154
H. L	HM	HM x n°532	K. Ni WG

259	238	260
HOHENSTEIN 6 TEPLITZ	S. HOLLINS	Hollitsch

332 Cⁱⁱ El Hopstook 728 N6 Λ767	*170* Hornberg / Housel *118*				
226 HP	*169*	*116*		*154*	
116	*114* HP.	*29* H.P	*102* RP	*154*	
229 H&S	H&S	*114* H	J·U	*129* hu	
244 T. Hughes Sec	*29* HV·	HV	H VC LG	*116*	*244* H.W
129 Z····J	*168* HZ	*154* HZ	*277* I	I	*211* I°
211	*100*	·J·	*332* ÆJ.U.	*129* IA	

135	180	213	82
iAW Augsburg	iAW Augsburg	iB	C

114	116	270 I·C·M A·	331	332
iC	I ch		iD	iE

238	184 IG·M iH	116	332 iH Bi	162
iEB		Hi		ii·C i

332	178 iKM	154	114
k		iM	I N

162	238 India Temple STONE CHINA JWR	128 i Œ / i Œu	178
Inbau 1820			iOM 50ı

332	326	244
Ironstone Tillenbourg (6henux) J.CLEMENSTON	IronStone Chtna RORSTRAND F DB	i.T

301	273 bis	232	332
i.W	Ixelles	J	i g g

216	1na			114	129
Jx	J	J	J.	J.A.	J.A

180	129
Jacobus Helchs fecit	Jacquot fecit

273	137
M Jacquet et Nedonchel	JAH 1749

332	233		213
JAMES DUDSON LICENSED BY THE PATENTEES NEW STAFFORDSHIRE		James & Mary Curtis Lowestoft	H. James Bristol

213	129		100	114
I·B	J. Buttite B...		J⁹B / B	J. G

	114				129
JD / J	E	E	Jeanne		Jelly a Paris

114		154			244
J F	J.G	H	H	JH ∷	Jh

114					
j h	JR	Jh.R	JI	JL	JL

91   14   315

T Lecable   𝓜   𝓜   𝓜   J.M

154   114   77

K.Ni.W.G   J.N.   T. Neppel

91   240

JOHN BELL

Johann Gregorias
Herold inv.t. 22 janvier
ano 1727   180

218

JOHN ROSE & Cie
COLE BROOK DALE
1850

JOHN RICKUS & CRABLESTOFT

226

JOSEPH
GRICCI
DELINEA it
ET
SCUL it
1763   280

245

John Moore
(Jarmouth)
1782

Joseph Schmellerer Fecit
184

Josiah & Catherine
Grethset
1769   213

JOSIAH WEDGWOOD
Feb 2 1805
222

270

Joseph Nigg.

226

Joseph Mayer & Co
Hanley

220	114	41		64	114
JP	P	JP	J.P.	$\frac{JP}{L}$	K
41		114	298		
		R	R	K	R.
298	145	114	178	287	
R 198 H	R. 88	R	J.T.	R	
118		7		July 13 m. 244	
JULIENNE		Jullienne			
271		178	114	158	
JWAD AD J		J. W'S 4n	K	H	
332	211	180	222	331	173
R	K	K	K	K	K	K
180		261		180	
J.J. Kaendler		KARLSBAD		K.C.P.C.	
243		129	227		
A&B Kealing		JT	Keeling Toft & Co		

180 K.H:K.	K, H C.	K.H.K.W.	158 Killian 1778
519 **KIEBZ** 13 11	222 KIRK F.	178 K L	154 K Ni WG
Kosina Depethen Befsteren 1747 180		K.P.F.H	K.P.F.
202 KPM	180 K.P.PC	70 L	60 L L L.2
60 L	L	L	L L L 94 L
94 L	L	L	L L 120 L 400 L
100 L	L	L L	120 L L
L ou L	L	114	L L L

| 180 | 230 | 171 | 176 | | | 178 |
| L | L | *L* | L | L. | L. | *L* | L. |

| 178 | 14 | 129 | 114 | | 286 |
| *L.* | *L* | L 23 | L | 1762 | L A |

| 286 | 114 | | |
| L × ✳ | *Lagrenée l'Jne* | *d'agrenée* l[re]   43 | |

| 308 | | |
| A: *Lafond & Comp* à Amsterdam | *Lahoche* palais Royal   83 | |

| 270 | 304 | 180 |
| LAMPRECT. | LAMORY Echternach Luxembourg | *Lauche fecit Dresden* |

| 180 | | 305 | | | |
| *LB* | L B | B | *B* | L.B | *N* |

| 176 | | | | 114 |
| B | *B* ✳ | *B* | D 10 | *B* |

| 114 | | | |
| *B* | *B* | *L B* | *L. B* |

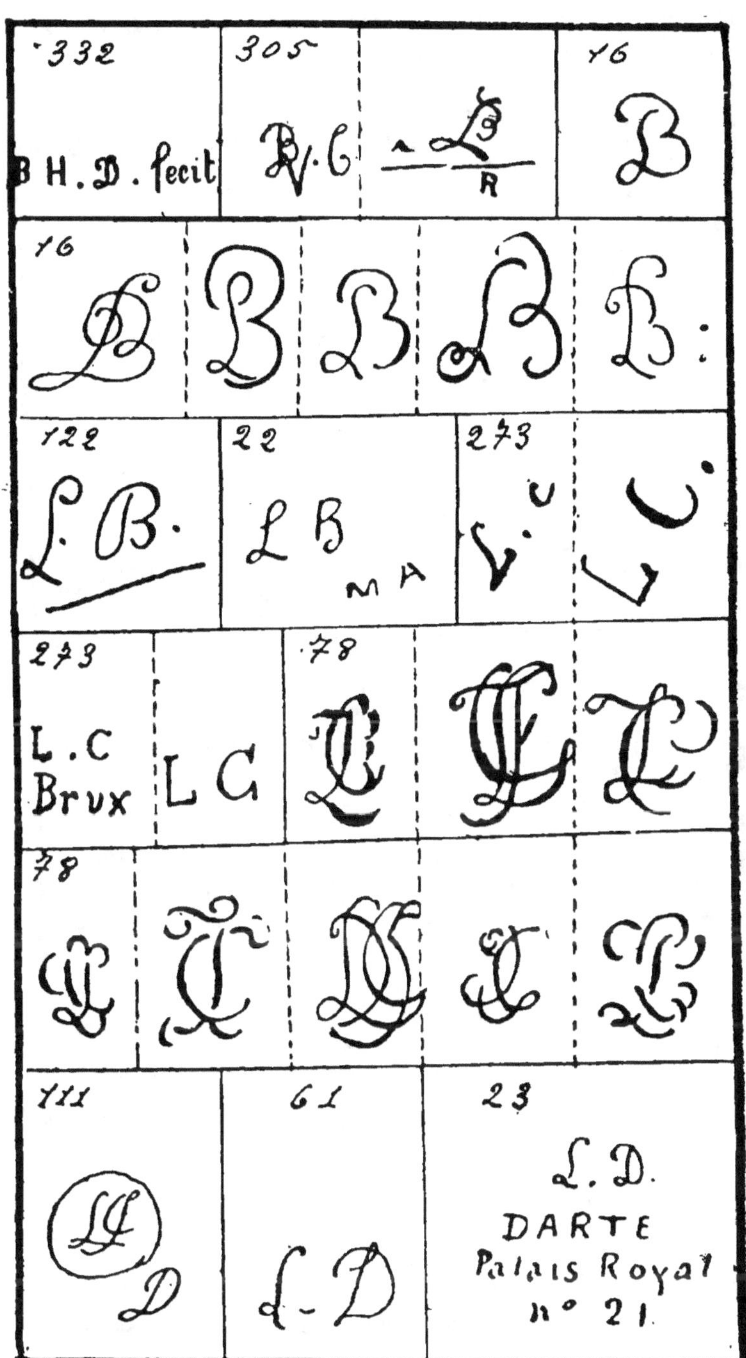
·332
305
16
B H. D. fecit
R. C
R
16
122
22
273
L. B.
L B
MA
273
78
L. C
Brux
L C
78
111
61
23
L. D.
DARTE
Palais Royal
nº 21.

114	23	128	73
LD	*LD*	LE	lebon - hulley

114	85		53
L*e*	Lyor		LE GERRIEZ) 2 OR DE LA HARPE paris

14			154
Lefevre rue Amelot à paris			L Grand 1786

17		78	
Le francois à Caen	L·G·	LEMIRE PERE	
		LEMIRE PERE NIDERVILLER	

7		
Leple l	Leplé J. Rue du bacq n°19 a Paris	

	40	114
Leplé 106	L et R	Le Riche

117 — Leroux, rue Tarannes 3

55 — Leroux 17 Rue de la paix

83 — l'Escalier de Cristal PARIS

114 — Leroy

Leveillé 12 rue de Thirour — *118* DT

118 — Leveillé 12 rue de Thirour

114 — LF — L F — *L G* — L G

129 — Gardie a Paris

114 — L. G^{cie}

129 — L1 11 fer. 1819

126 — L. M.

180 — L H

62 — Limoges

154 — Linck Pec.

184 — G LINDEMAN

265 — Lippert & Haas

315 — LISBOA 1793

315 — LISBOA ARSENAL REAL DO EXERCITO IOAO DE FIGUEIREDO FECIT 1792

60 — L. L.

230 — LIVERPOOL

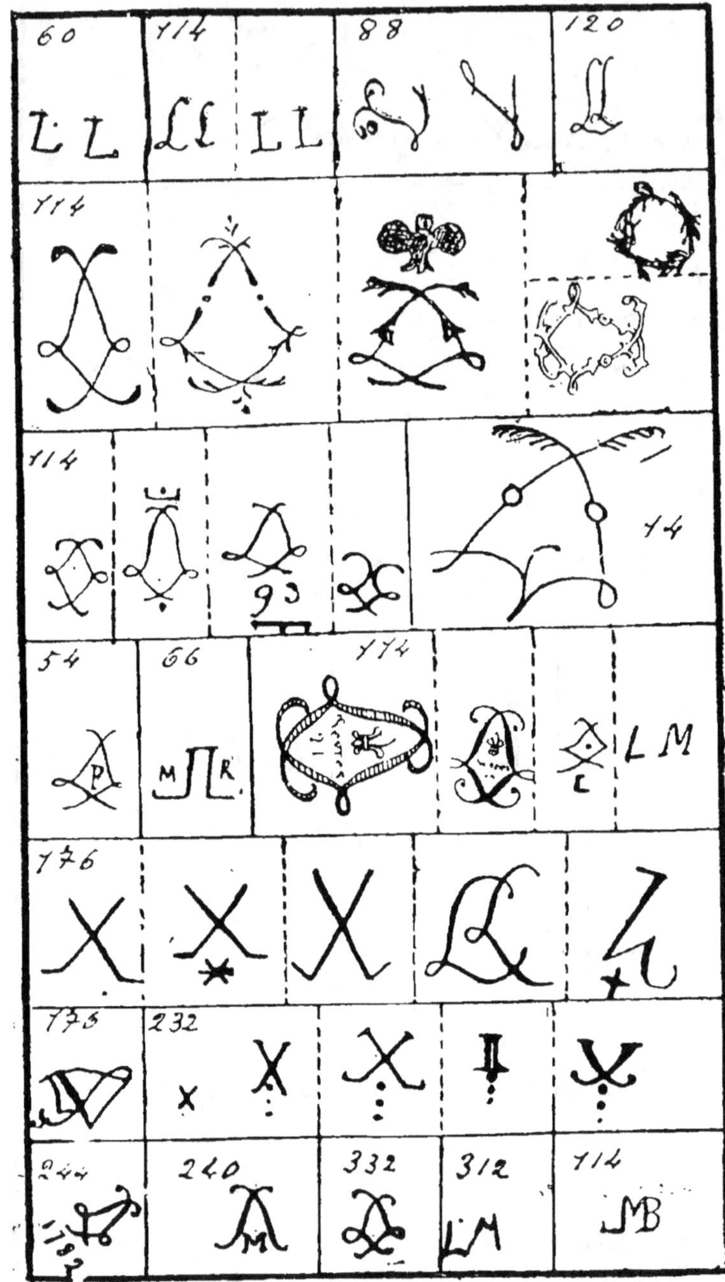

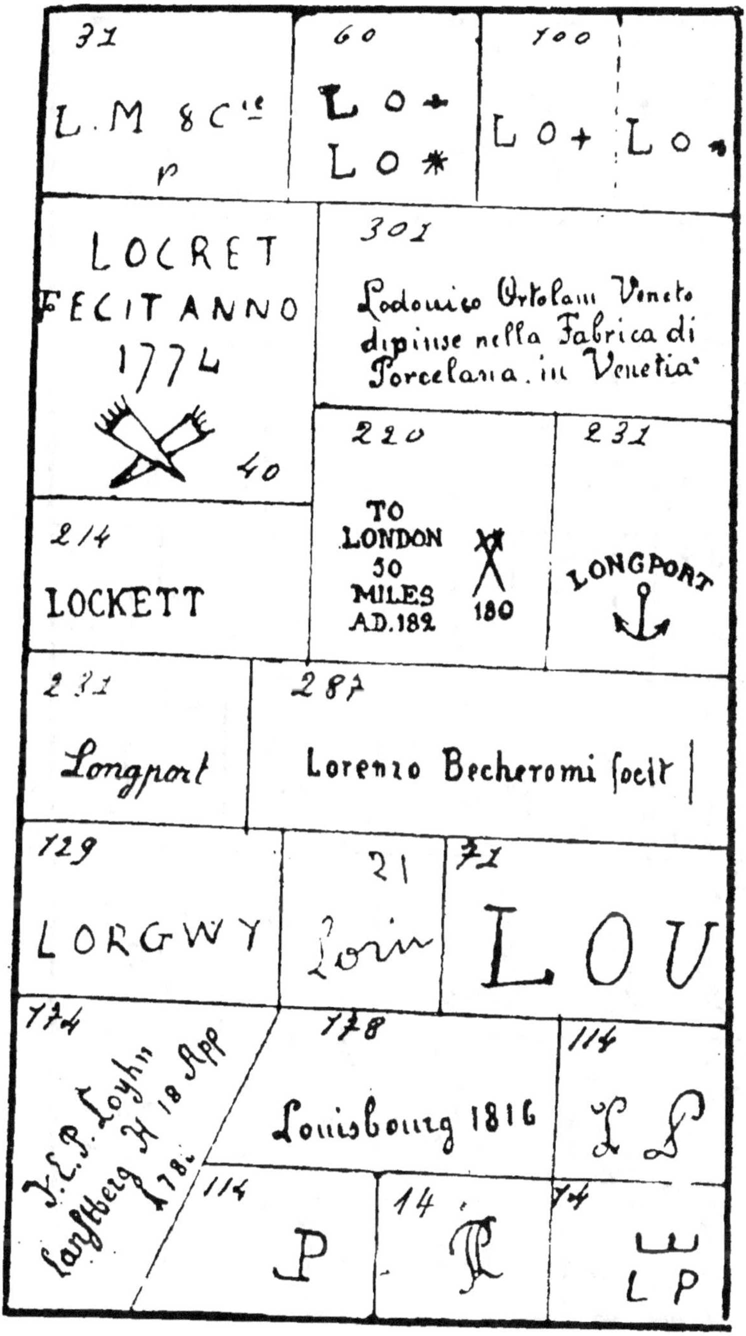

31	60	100
L.M 8C p	L O+ L O *	L O+ L O.

	301
LOCRET FECIT ANNO 1774 (crossed arrows) 40	Lodovico Ortolani Veneto dipinse nella Fabrica di Porcelana in Venetia

214	220	231
LOCKETT	TO LONDON 50 MILES A.D.182 (crossed) 180	LONGPORT (anchor)

231	287
Longport	Lorenzo Becheromi fecit |

129	21	71
LORGWY	Lorin	LOU

174	178	114
J.E.P. Loyn Carlsberg H 18 App 178.	Louisbourg 1816	L L

114	14	14
P	T	LP

14			*9*	*332*
			LP	LP
114				*305*
S.h	S.j.	S.t.	L.S	
114			*204*	
L R	L R	L R	L S.	LS *51*
204	*168*	*58*		
L.S	L S.	L	L S	L·S L·S
58	*124*	*114*		*27*
L	L S	LL 773		
27			M	
27	*28*	*114*		
			L T	L T L T
114	*321*		*270*	
I I	Lubartow		L.V.LVCK	

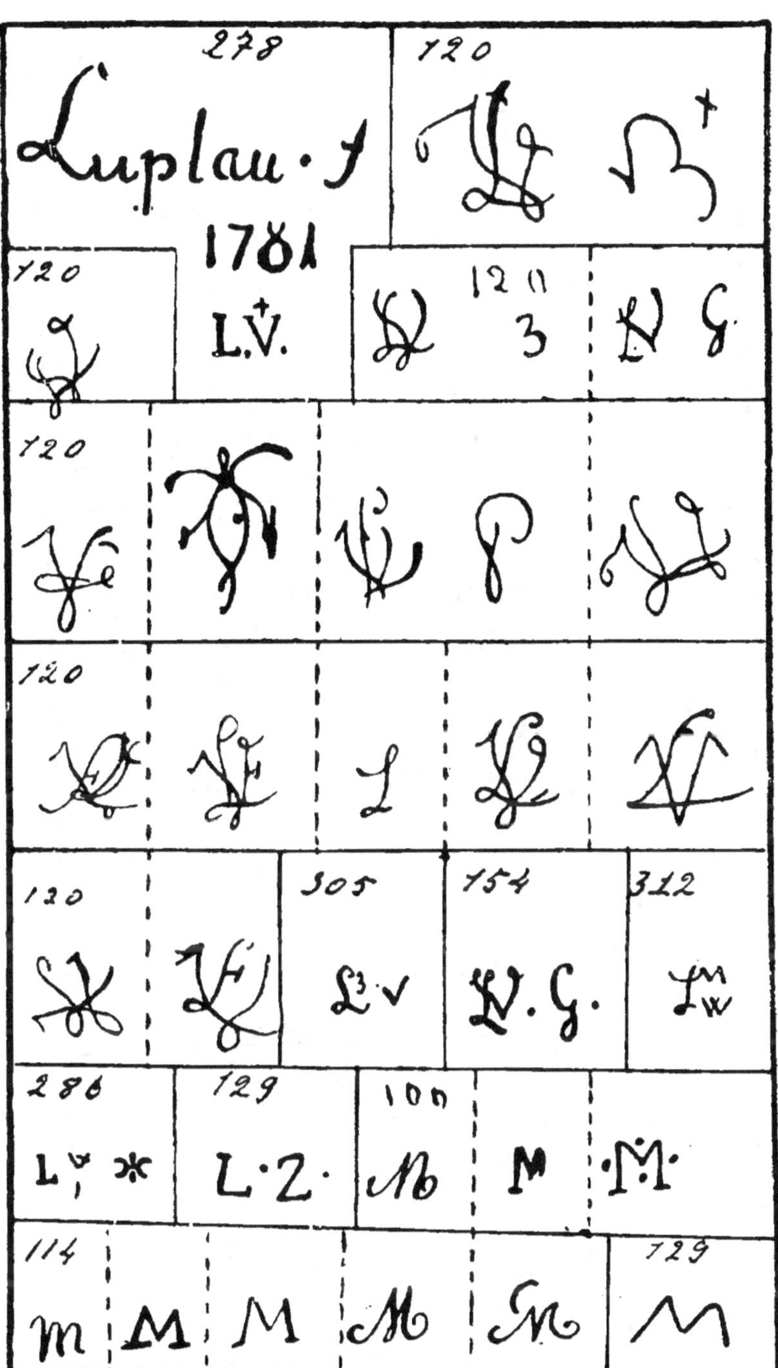
278
120
Luplau 1
1781
L.V.
120
120   3
N G
120
120
130   505   154   312
L³V   N.G.
286   129   100
L.2.   M   M   M
114   129
m M M M M M

27

M..   M·   M   M   M

179	211	180		272	
m	M	M	M	M	M

290	240		47	22	270
M	·:M·	**M**	MA	M. A	MM

212

154

MADE AT NEW CANTON 1750	Magnus pi

280	179	154	532
(R MADRID S)	M^o N°8	*Magnus*	*Mallet &*

108	107
MAISON MOUSSET PARIS 50 FAUB. S! HONORÉ	*Manteau un Verse antique*

98	188	129
Marmand	G.Manjack fecit PROSKAU	*Mantou*

291	*Mantova*	Manufacture de J.Mulhauser Genève
	M&B	328

10

Moᵗˢ de Mʳ Le duc angoulenne à paris | Molᵗᵉ Dihl & Guerhard

10

Mᶠ de Guerard et Dihl à Pari

106

Mᵘʳᵉ de MADAME Duchesse d'Angoulême Dagoty E Honoré PARIS

34

MANⁱᵉ de PORCELAINE DE S.A.R Mᵐᵉ Dˢˢᵉ de BERRY DENUELLE Rue de Crussol à Paris

9

Manufacture de S.A.S. Mgr le Duc D'Orleans A BOISSET.

106

Manufacture de S.M. l'imperatrice P.L DAGOTY A PARIS

106

Mᵗʳ de S M L'IMPERATRICE de Pl dagoty FS Poissonniere n° 2 à Paris

40

manufᵍᵗ de pouyat Arfilds Fig du temple

39

Manulⁱᵉ de Foecy Passage Violet n°5 R Poissonniere a Paris R

40

62

19

4

102

114

91

91

99

238

114

228

154 Marx	*298* Mafs	*225* R.W.MARTIN R Fulham	*332* MASSON (wheel B C)
71 mathis DV	*228* MASON [crown] PATENT IRON STONE CHINA	Mason's Iron Stone China	*180* Maukscß
229 Mayᵣ & Nwld	*240* T. Mayer		*277* J.J. Mayer
277 Mayer	a. J: Mayer	F. Mayer Calb inv. et pinxita . 114	
277 J. Mayer	*325* MB	MB	*114* m b	MB	*152* NC
114 MC	*280* Mᵒ Sˀ	[crown] Mᵒ C	[crown] M PG
71 M. D	*129* MD	MD M·L·P·

114 NE NM	32 MEDAILLE D'OR 1834 CREIL	114
180 Meissen 26 Mai 1727	Melchior F 174 168	. Pletzsch . 1748 . 137 Bayr.
Meslier	257 MF	174 M·G	295 MGS B
332 MH 16 Mh 1795	292 Milano	228 MILES MASON	240 MINTON
240 MINTON	MINTON STOKE UPON TRENT		MINTON
114 MINISTERE D'ETAT MINISTERE DES COLONIES	168 MIT	229 M&N 264	229 M&N
240 MINTON & BOYLE	MINTON & Cº	MINTON	

99 M L	27 M	M	M	M

71 M υ	114 ΦM	14 M·C·	M	180 Mö^

Mitchell X 131 20 180	332 Mohr and Smith Patentees	312 MoL Lm3 M.ol

27 Moelle	280 MONCLOA 6	114 Monie ϯ 1779

Monginot 48 Lo Boulevart des Italiens	MORLOEK'S CADOGAN 242	214 MOSELEY a

238 Morley & Ashworth Hanley	114	36	MP

36 MP S	MP P.	180 M.P.M	316 M.P

328	36	62	174	173
M	MP / C	M R	M R	M S

332	329	129		228
M S	M S	Müller		WYATT

174	100		78	174	
N	N	N	N	N	N

183	91	238	220	168	295	145
N	N	N	N	N	N	N

286	332	331			277	294
N	N △	N	N.	N 3	N 2	N

294		168		332
N 92	N	Nach dem Leben gearbeitet von J.6.Melchior		Nana

275	315		91
NAMUR 1817	NAJLHAGRAN DE J.M. PEIRERA 1793		N. à Paris

235 **NANTGARW** C W	91 *nast*	78 *N* ℬ	NBHI
78 $\frac{n}{\mathbb{I}}$	332 **ND**	236 *NearIngleby Derbyshire* 🜊	178 $\underline{W}$ / I·R *F. Nes junie L. Deml*
154 *G. Nemmert*	238	○ *New Hall*	240 *M & C* △ 8B New Stone
71 *N F.*	*n G.* 🅑	128 *n g* △	68 🝙
78 *N G Nider* ℬ		NIDERVILLER *N*	*N.*
78 *n*	184 **NHI G**	332 **NIB**	329 **NIDER MEYER** *et* **MULHAUSER**	295 *N M*
276 **NIMI L**	180 *N.O.*	244 *N* ○	277 **NOE**	168 *Nogo* **R**

235	211	295	247
F **N⁰6**	Norman	Noue ✳	NOWOTNY

114	168	287	78	295
n q	**N.S.**	NS A	N [TDL]	NX

78	114		180	15	114
$\frac{n}{\bar{x}}$	o	O	o	✚ O B	o ch

302	278	326 OPAK
ö·c·	H: Ondriip	RORSTRAND 5I

82		12
Or.	ſorleans	Ormont B^{d} ^{a} ✗

82	114			100	67
(ORUEN M·B)	P	P	P	·P	℘·	P

22	277	287		230	236
P	P	℘	℘	✚	P 121

277	180	114	P.A.	PAVᵈ DE. BRETEUL	226 PALMER
P	P	P			

282 PALMA T DE H MAJORGA	287 P1ſ Paoli 30	Pardoe fecit Bristol 213

324 PARIAN GUSTAFSBERG	254	21 P C.	114 Pb / PB

280 pâte-sur-pâte	P C C / 19 C P	303 PC fecit V+ D G

71 P D,V	100 PE	114 PEKIN LEGATION DE FRANCE	PE Pellerc 1770 36

86 PERCHE	PENNINGTON 230	C. C. Pesaro 1781 296	270 Perger / 72 Person

270	328	244	329
Perger	Péries	Peter Taylor 1769	P Tr & C

287	19	154			
P . F	P f	PH	PH 2	h	R

154		114			166
PH ✠	PH	PH	P.H.	P.h.	P H K

180	310	236
Philipp Ernft Schindler MDCCXLVI	PICCARDT DELFT	Pinxton

284	279	114
PICKMANN Y C CHINA OPACA	R O. Piajios	P.J.

22	287	237
P	P	PLYMOUTH MANUFACT. March 14 1768
	143	
	HC	

100 **P.**	*128* **P** **L** **E** **C**	*21* (mark)	*114* **P: Langlois**
329 **M**	*114* **PMR**	**PMRoussel**	*280* **P.O** **PO** (mark)
114 **P L**	*180* **P** (key)	*180* **GoPP**	*29* **Pochet. D** **PARIS**
30 **Pochet Uéroche Paris 16 Ave JJ Rousseau**	*62* **Porcelaine de Limoges CD**	*31* **PORCELAINE T d'IVOIRE L M & Cⁱᵉ** (crossed mark)	
R.F.D. PORCELANA D S.M.C *280*		**Porcelana de 1850 Vista Alegre em Portugal** *317*	
Potte. 4 *33*	*114* **Pr.:**	**PR**	**PROVA** (mark)
264 **J. J.** **PRAGER**	**K&C PRAG**	*188* **PSF**	*289*

Pouyat / n Russinger / P R 114	P.T.	P.t.	138 / PW
40			
114 100 114 q11 / R R R R R			R 70
70 Ṙ R R R R....			40
102 277 161 286 / R R R: R R+ R			
193 270 244 189 / R R R R 4 R R			
190 301 154 270 / R R Bähner R.A. 1852 9.33 / 754			
Rauch pinx / Wuiq A:2: / Wu A.1. pinit XII.2.A:V:			Tamzuz 7e9 / N°c999-5°026 / blind N°c1037 / Art° Anzeiter VI 1756

114 R.B	211 R·B	155 R&C	33 C R P 1	114 Regnier
240 (N T R d C 3 diamond)	114 RE-74 (SEVRES) / (RF49)			(R F S 71 circle)
114 R F Sèvres	(DORE A SEVRES monogram 72)	R Sèvres	184 Reis (III)	
230 REID&Cº	280 RFM (crown)	RIL (crown)	RF (crown)	RF (crown)
211 (anchor) Rhodes pinxit	238 Ridgway & Sono			
301 R G (monogram)	230 Richard Chaffers 1769		238 Y RIDGWAY C.J. Rieg fecit	
214 (RILEYS Semi China)	129 Rigouy		214 RILEY 1823	

55 Rihouet	*214* RILEYS / Semi China	*190* R-n R-n
233 Robert Allen 1760	*329* ROBILLARD	*242* Rockingham
211 MR ROBERT CROWTHER STOCKPORT CHESHIRE January 1770	*231* ROGERS *326* ROERSTRAND E B	*161* R. R. a w w Rörstrand w
313 J.L.J. A Rotterdam W.M.:1814	*110* Rousseau 43 Rue Coquille	*6* ROZ
10 Rue de Bondy	*331* Rz:Z	*326* R / S *174* Rx
102 rue neuve St Domis	*158* 4 W Rubl foc	*159* Rühlig fec" G
40 RUSSINGER et LOCRÉ	*277* S S	*258* S *194* S. S

102 100	56	
244 258 280 332		
265	216	178
265 382	114	

214	230	230
S.A.& Cⁱ	SADLER & GREEN	Sadler Liverpool

230		216	226
Sadler Lip!	SADLER 1756	Salopian	Salt

233	216		
Sarah Smy 1780	S [CB]	40	SCA

180	113	133
S.C.S. Scharssin Den 10 May 1759	SCEAUX	Sehelh pinx A

Scheilheimer Cour Mandar
Nᵒ ᵗ   69   102 189

Schoelcher

Schelh 'pinx
A
133

Schmetterer
Ratisboñe

86   Schufried   131
803

Ichælche   270   T·A·SCHUMANN
MOABIT BERLIN

114
Sevre
30.

208   164

S·D·D·&·

Sellier et Cᵒ
in Hamburg.

114   98
DECORE A
S
R1900F
SEVRES

114   168   263   114   135

SEVRES.
1848.

S·F
Nᵒ 49

S.F.R

S. h

IOH SHAFER

214   226   71

B. SHAWE

Shortose & C

sion. h f.

184   180   217   213

C.H. SilberKamer
1771

S·J·   SM   S M

213	301	78	178
SM	**SM. C.V.**	S N° 79 NIDERVILLER	nn

280	233	240
S N 1775	W. ster Snell 1776	OF ARTS PRIZE PATTERN MINTON SOCY 1846 JS

216	180	
So	SOPHIE	

113				180	240
S. P.	S. P.	S. P	SPM		SPODE

240		331
Spode & Copeland Felspar Porcelain	SPODE Stone China 1805	SP Z

320	9	116
S·P / ·F	N	X

114	240	100		197
S.S.P	A m 236	St C	S.C.T.I S⁺C T	S

214	326	325	220
STEEL STEEL BURSLEM	Stedholm ?P	SB Sten	Stephan

W STEVENSON HANLEY MAY 2 1828   226   219

219   Stevenson   180   Stockl

219   STEVENSON WARRANTED STAFFORDSHIRE

240   STOKE UPON TRENT   MINTON   WALRUK   LONDON

111   Stone ... Paris

265   112

114   S. W.

241   Swansea   SWANSEA

113   S. X.   Jhs. X

295   216   S x   114   100

265   114   32   100   23   211   178

197   148   222

244   213   332   266   Tanawa   214   J. TAYLOR

W. Tassie F 1769   222

114	266	222
TANAY	Tanawa	W. Tassie F 1769

214	269	78
J. TAYLOR	Telschen	[T·D·L·] 20 par

68	211	244	277
[TERRE DE LORRAINE] LA	T	T	K:

238	277
Thomas Hackwood	TIMOR BF KERAMIS

118	114	75
G·h Rue Thirou a Paris	ThB	TINET 29 X 32 rue du Bac

262	211	277	213	119
TK	To	TO	T°	Tours·1782

277	144	332
Tournay quai des Salines 28	T.P.M.	TK

332 T.13	114 *ThR*	T -b	178 R	48 (crown) T.R.
331 R	214 TRADSMARK E&D BURSLEM	233 A Trefle From LOWESTOFT		*MD* A Trefle from LOWESTOFT 1795
299 Treviso F F	G.A.F.F. Treviso	114 *to*	T 100 S.T.T. A.	118 (anchor) S C N
229 Turner's Patent	216 TURNER	277 TY	114 2L	
237 U	150 UFER MEISSEN	Ulm T 200	168 Herr Usinger p:1784	(wheel)
303 U O	71 V+	120 Vf	Yf	244 V
303 V	V	V+	.V. c Xa	(anchor) V .V.+
145 V	V3	213 V	V	V

123	*114*		*317*		
XX	XX	W	VA₉	VA	V·A
317	*301*			*114*	*120*
(crown) VA	Va	Vᵈ AN		VB	B
270	*277*		*300*	*114*	
VARSAMNI	(V&B)		ᵗV/D	ϒ	
303	*301*			*Venezia* (anchor)	
V/DC	Ven	Vᵢnᵃ			
277	*116*		*114*	*301*	
V.F	VHchannong		V/	V	
270		*277*			
Vienne 12 July 1771		VILLEROY & BOCH			
138		*292*			
J.W.Völcker 1814		G.Volpato Roma			

219   38   154   244

VOYEZ 1788   V P   VR   VR AX / F   W

244   W   330

W   W   W   W   J.H.tS.   W

203

W   W   W 5   W   W   W

138

W   W   W   X   W   W   1 / 90 / 15

138   114

W   J.   V   W.   W   W

114   128

3V   W.   W   W   W

40   97   Wallendorf   203

W   W   B   4

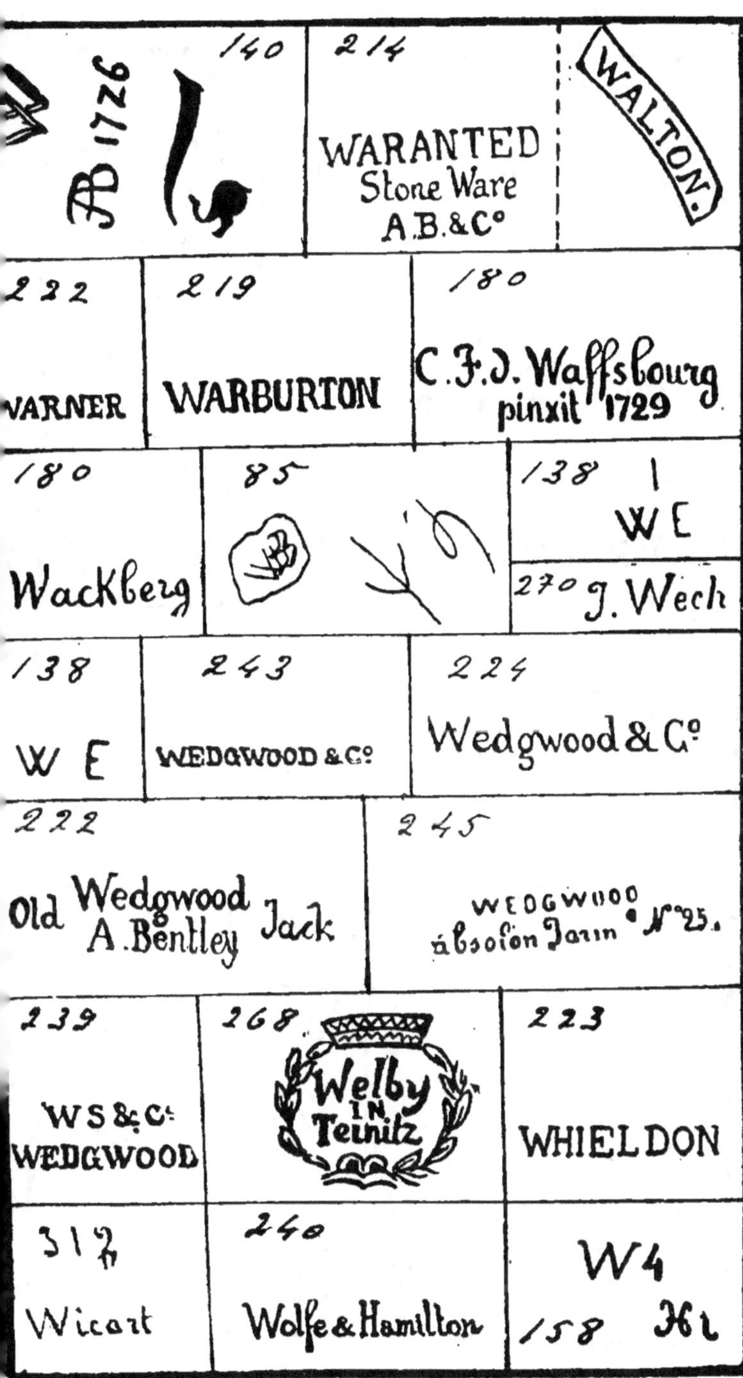

ÆB 1726 140	214 WARANTED Stone Ware A.B.&Co	WALTON.
222 WARNER	219 WARBURTON	180 C.F.J. Waffsbourg pinxit 1729
180 Wackberg	85	138	W E 270 J. Wech
138 W E	243 WEDGWOOD &Co	224 Wedgwood & Co
222 Old Wedgwood A. Bentley Jack		245 WEDGWOOD absofon Jarin No 25
239 WS&Co WEDGWOOD	268 Welby IN Teinitz	223 WHIELDON
312 Wicart	240 Wolfe & Hamilton	W4 158 H2

222	184		178
W.H	J. Willand Jne. [shield]		$\frac{W}{I\cdot R}$ F. Nes june L. Deml
214	o3 Ra.Wood Burslem		WOOD & CALDWELL
E.WOO.			
244		**178**	
PH Worcester [anchor]	W P.C.	WR	WR [crown]
140			B.f Wrat 1728
Vratisl A 1728 Me Mart Bo Hengruber	Bf: Wrat 1726		
220	**225**	**244** [flower medallion 51]	**265** ∓ **180** 2c
W.T 36	WT & Co		
714			**6**
X X x	Y Y·	Z.	N
116	**247** **331**		
[mark]	Z Z Z	Z	7

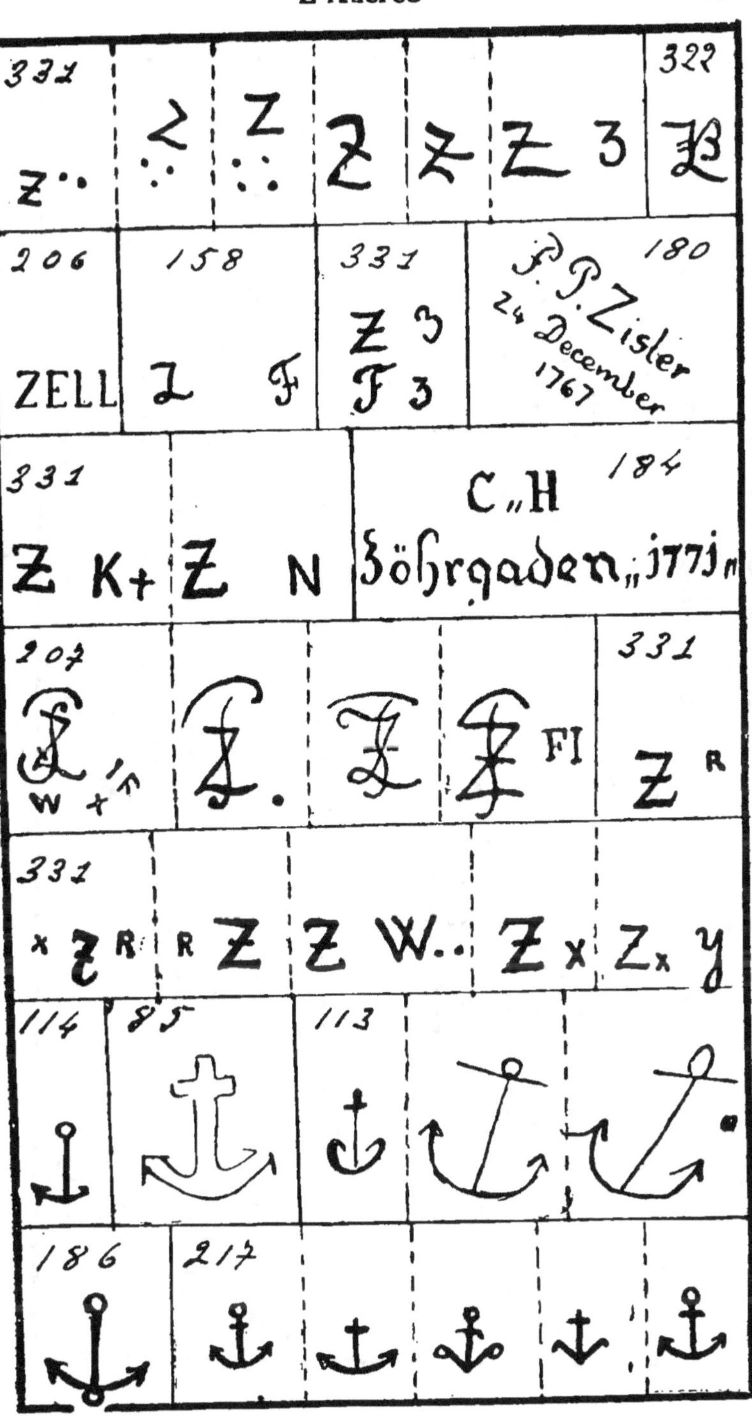

331
322
Z..
206
158
331
180
ZELL
Z
F
Z 3
F 3
F. P. Zisler
24 December
1767
331
C „H
184
Z K+ Z N
Zöhrgaden „1771„
207
331
W +
FI
Z R
331
x Z R
R Z
Z W..
Z x
Z x y
114
85
113
186
217

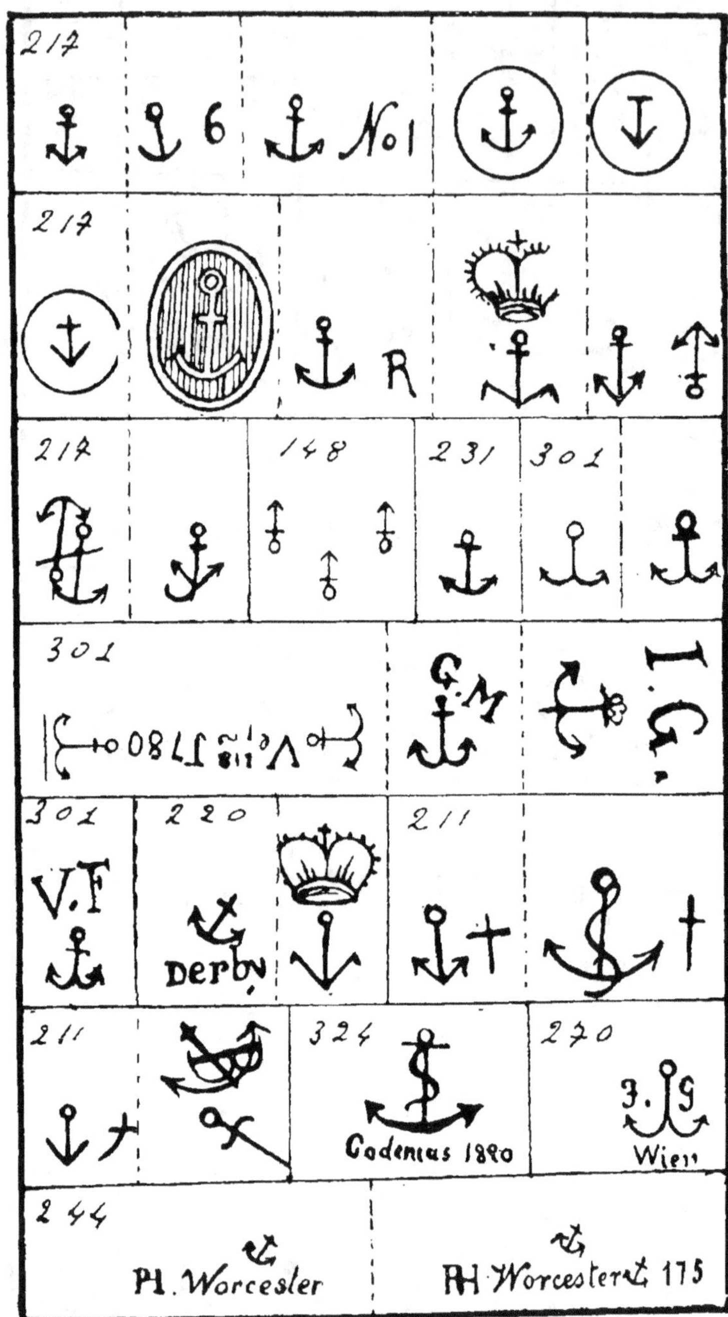
217
217
217
148
231
301
301
Vells 1780
G.M
I.G.
301
220
Derby
211
211
324
Godenius 1890
270
J.G
Wien
244
PI. Worcester
PH Worcester 175
N° 1
V.F
R

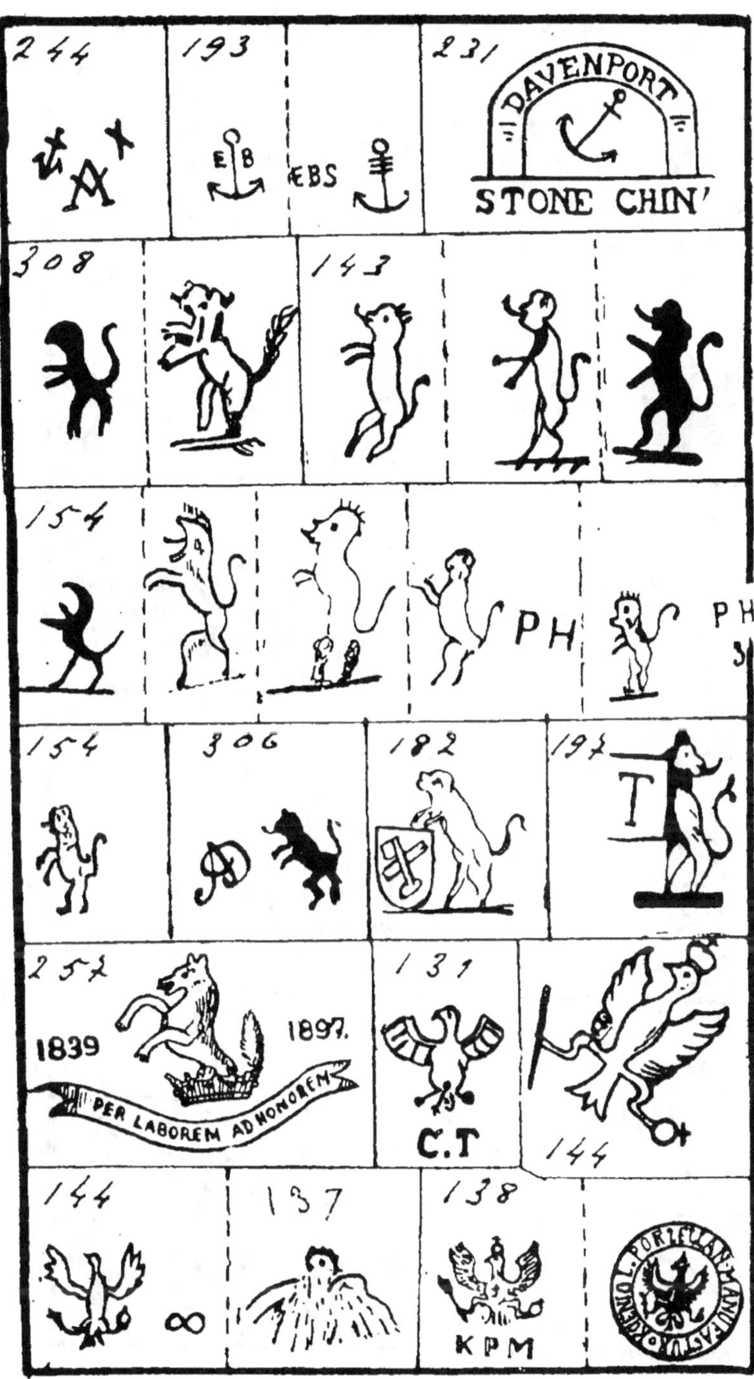
244
193 ÆBS
231 DAVENPORT STONE CHIN'
308
143
154
PH
154
306
182
197
T
257
1839 1897
PER LABOREM AD HONOREM
131
C.T
144
144
137
∞
138
KPM

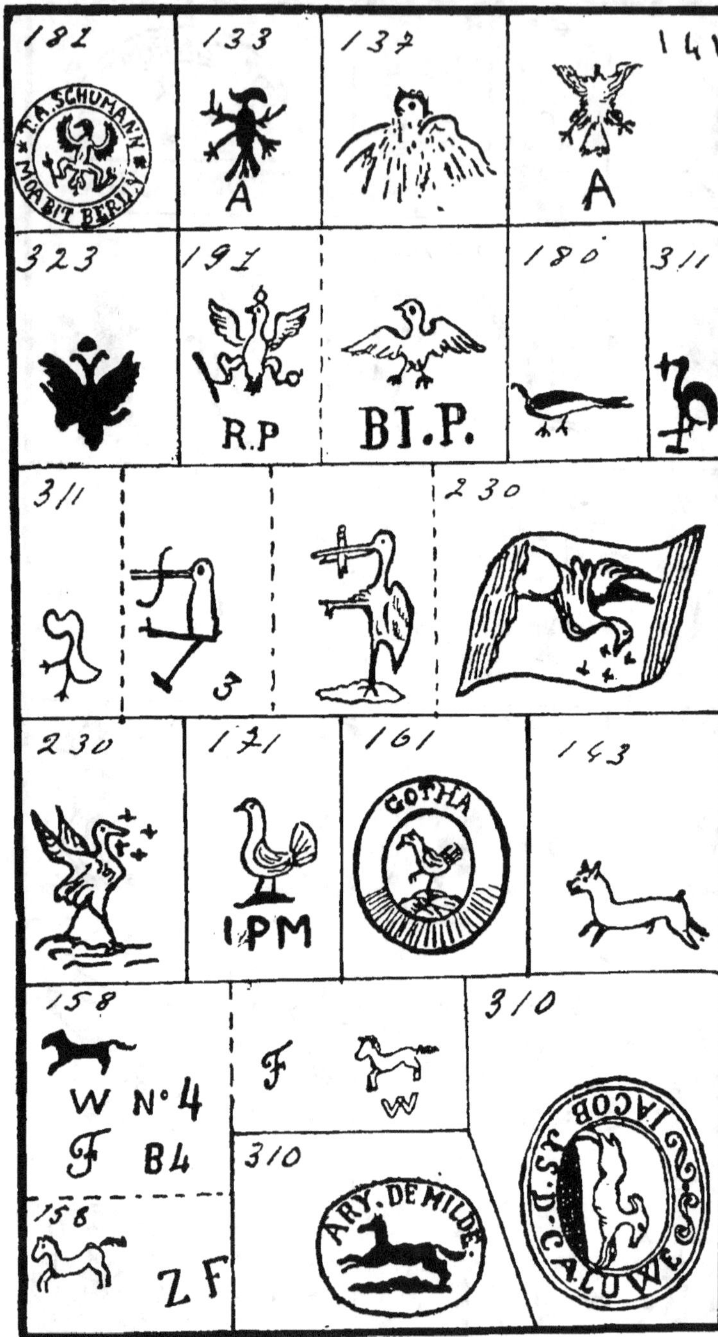
182
133
137
141
323
191
180
311
311
230
230
171
161
143
158
310
310
156
P.A.SCHUMANN
MOABIT BERLIN
A
A
R.P
BI.P.
3
IPM
GOTHA
W N°4
F B4
Z F
F
W
ARY. DE MILDE
D.CALUWE
JACOB JS.

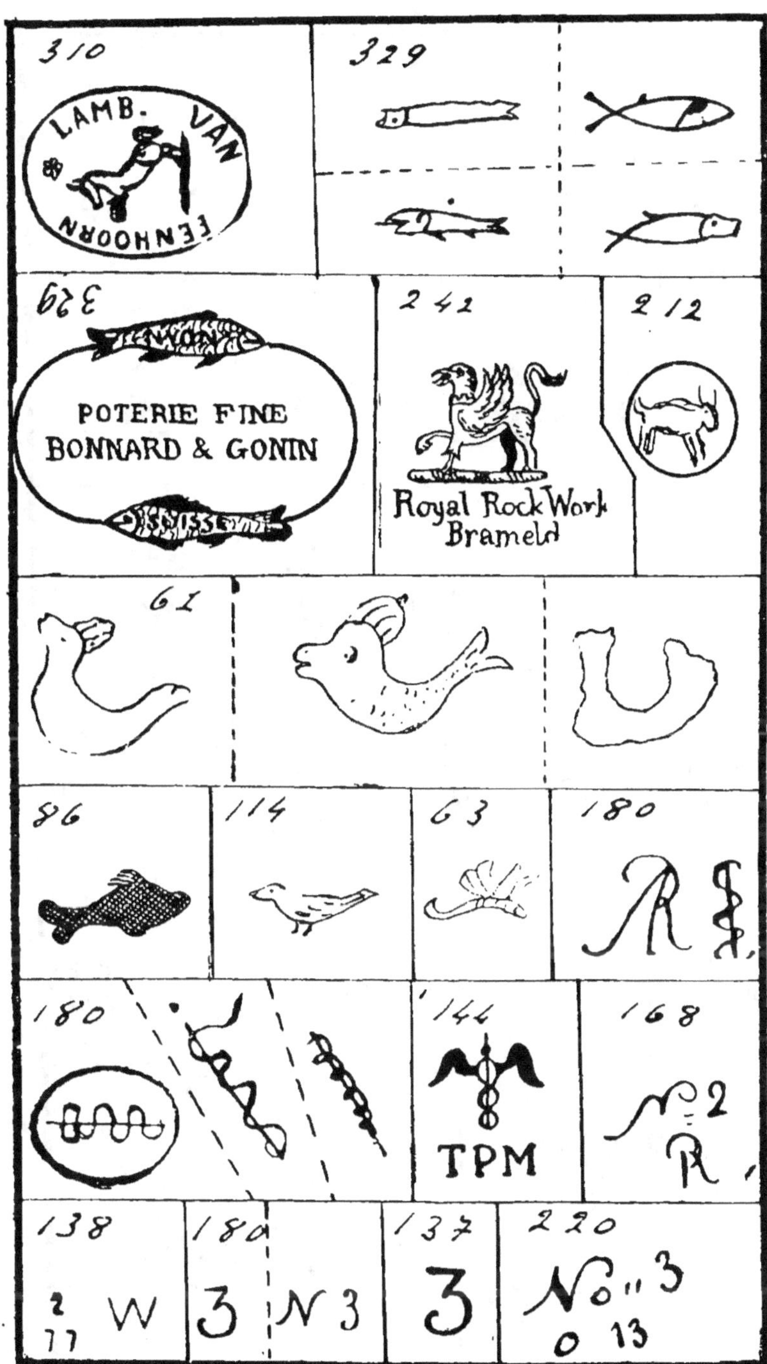
310
329
LAMB. VAN FENHOORN
329
POTERIE FINE
BONNARD & GONIN
242
Royal Rock Work
Brameld
212
61
86
114
63
180
180
144
TPM
168
138
2
77
W
180
3
137
N 3
3
220
No 3
0 13

158 | 178 | 237 | | |
213 | 237 | 240 | 277 | 270
322 | 235 | 331 | 216 |
216
216 | | 263 | 216 | 237 | 180
216 | | 220 | 180
233 | 220

3.M

4 · H1 · 4 o e

235 — *f* No 6

331 — 6 En3 …

263 — X1 FeB

216 — 12 X X

237 — XII

180 — 12 May 1727

233 — 73

220 — No 120

220 — No 217

180 — 1192 · 14. Novetr 1769

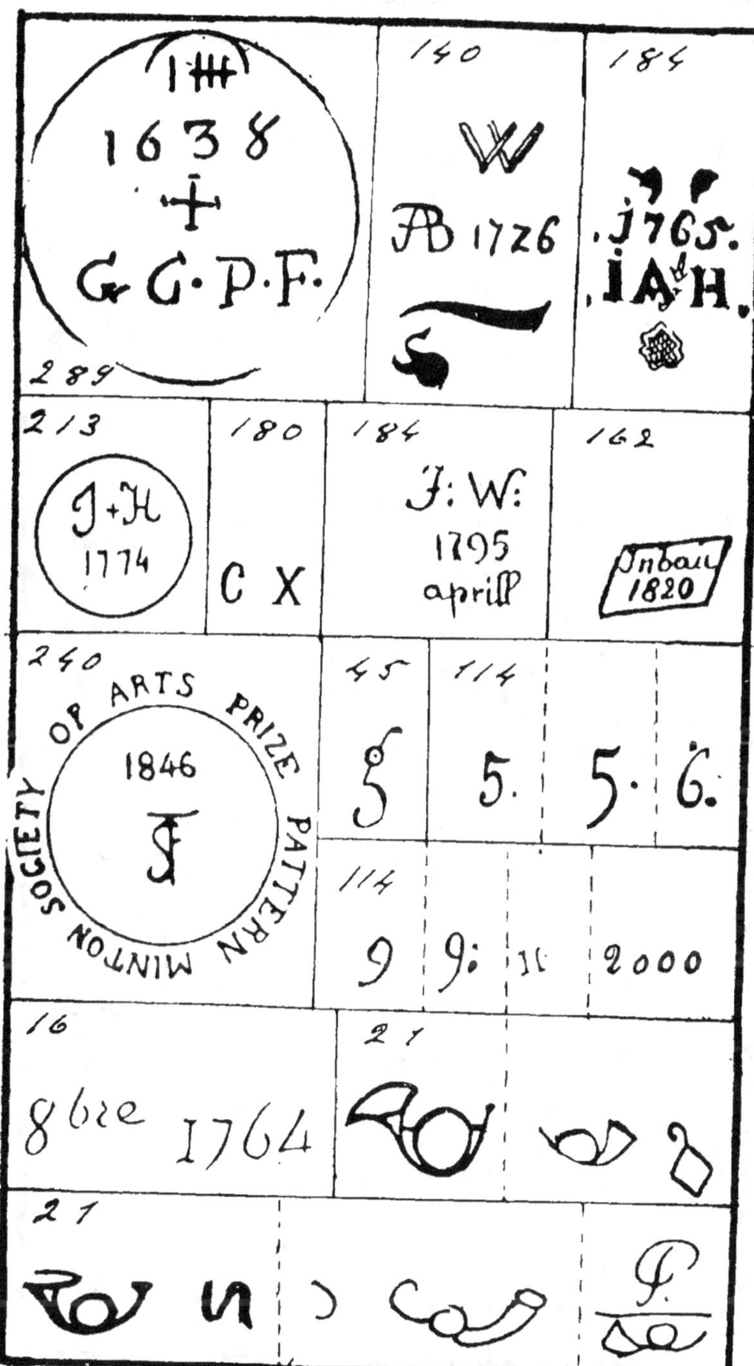

244

244   253   303

1776

216   226   244

SALOPIAN   SHORTOSE   W✱M J766

180   287   211   114

1769

114   157

2

180

211   213

213					237
4	2	+5	10	1776	
278		265	277		286
303		244			
	1776				
244			220		211
211					218
295					
295	220	287			
P					

287					
287	226	184		213	270
211					244
193	147		280	178	
198	244				
216	245	162			
162				244	

COLLN MEISSEN

VZC

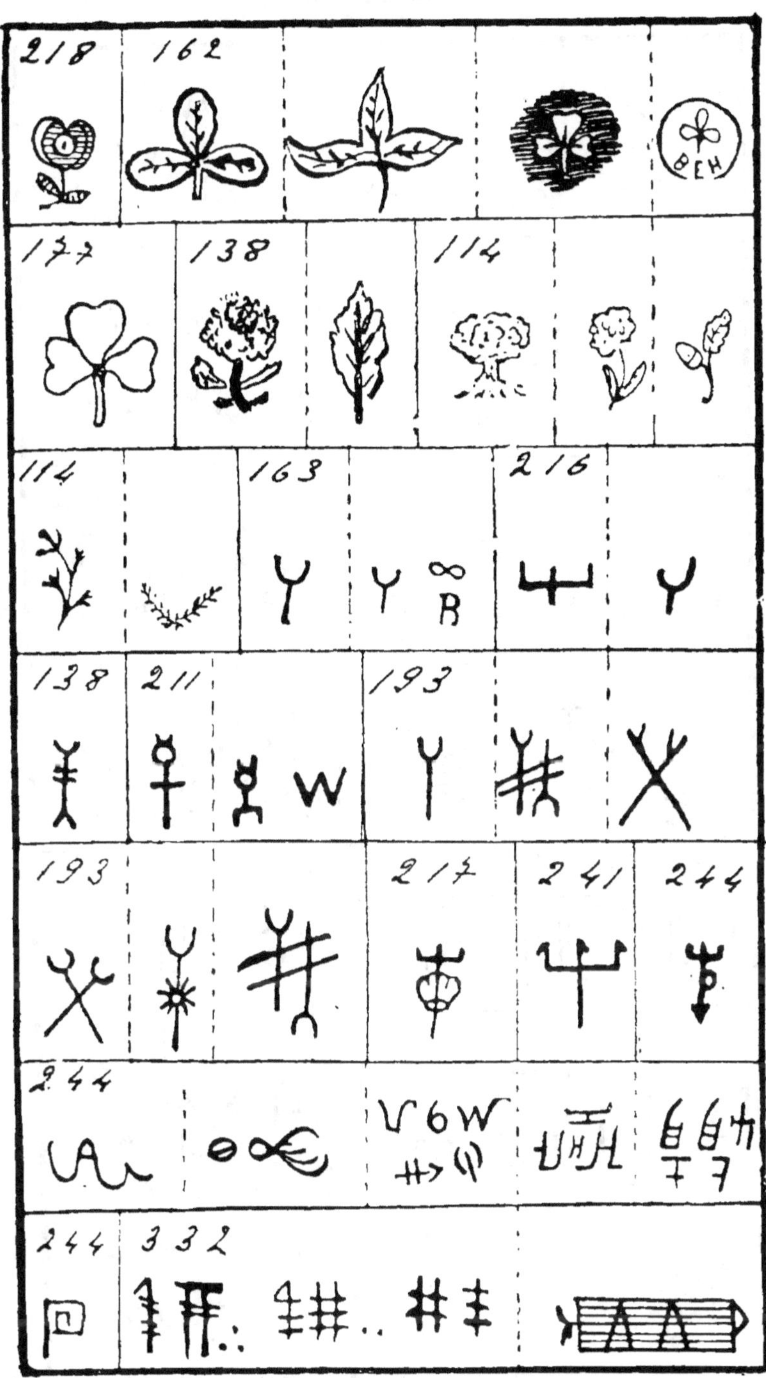

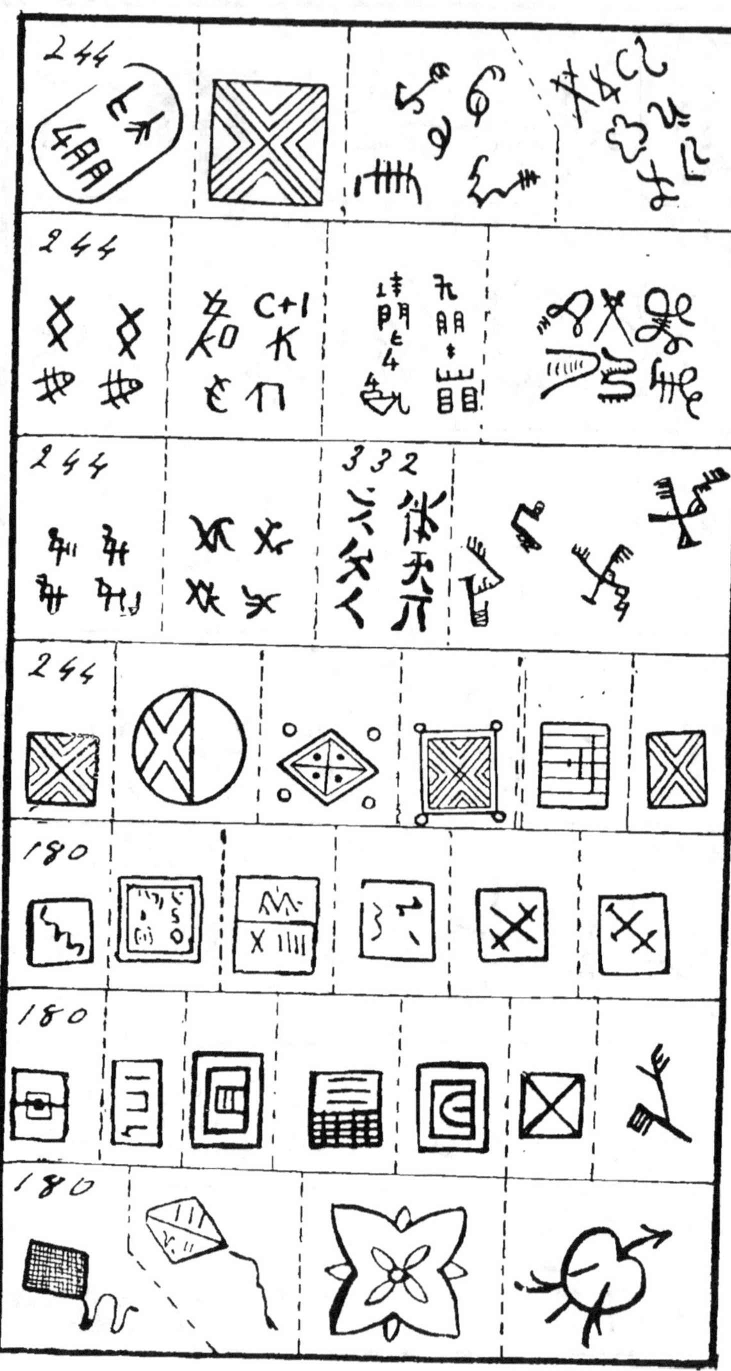

244

244

244   332

244

180

180

180

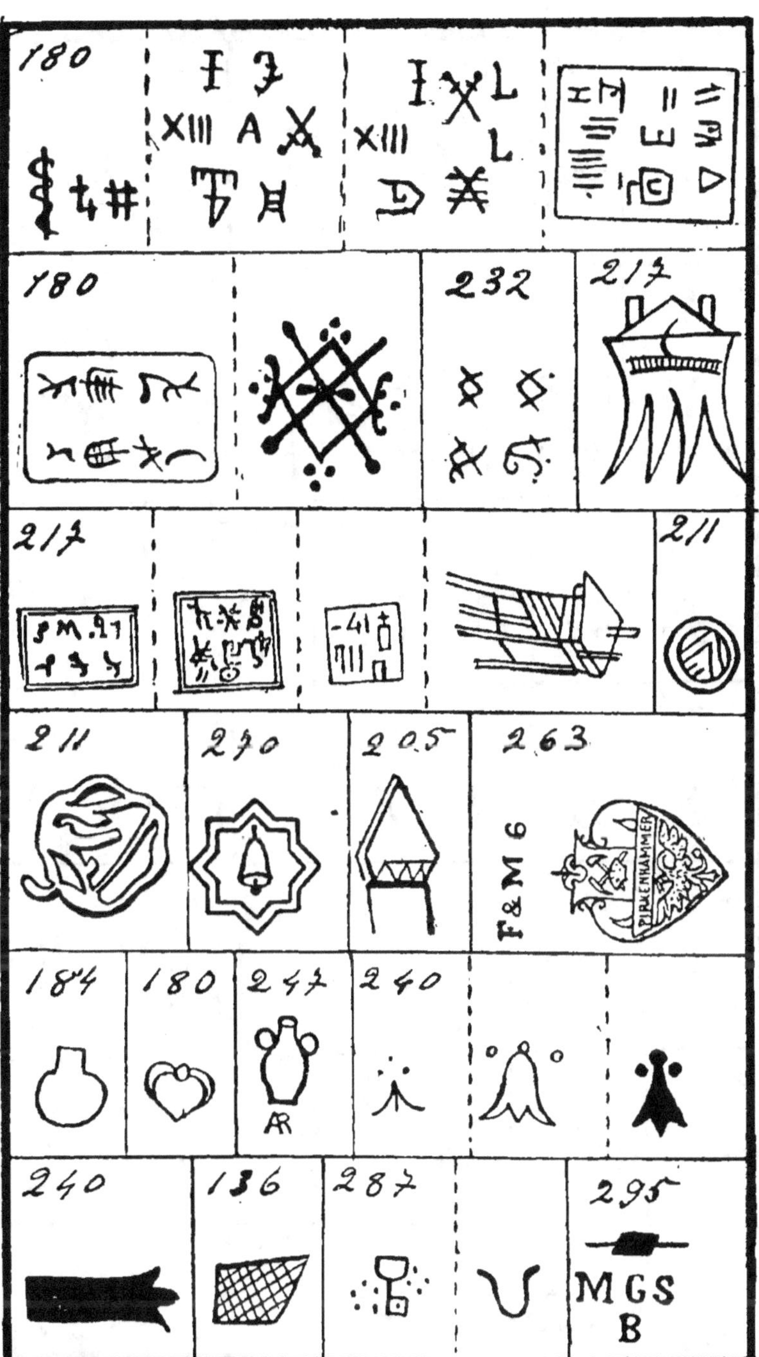

180
180 232 217
217 211
211 270 205 263
F & M 6
PIRKENHAMMER
184 180 247 240
AR
240 136 287 295
M G S
B

213	240	243	195
		G P B PICCIOLA	

156	180	175	154
FPM	1741	DEP	

286			216	244		

244						

244						

244						

244			280	

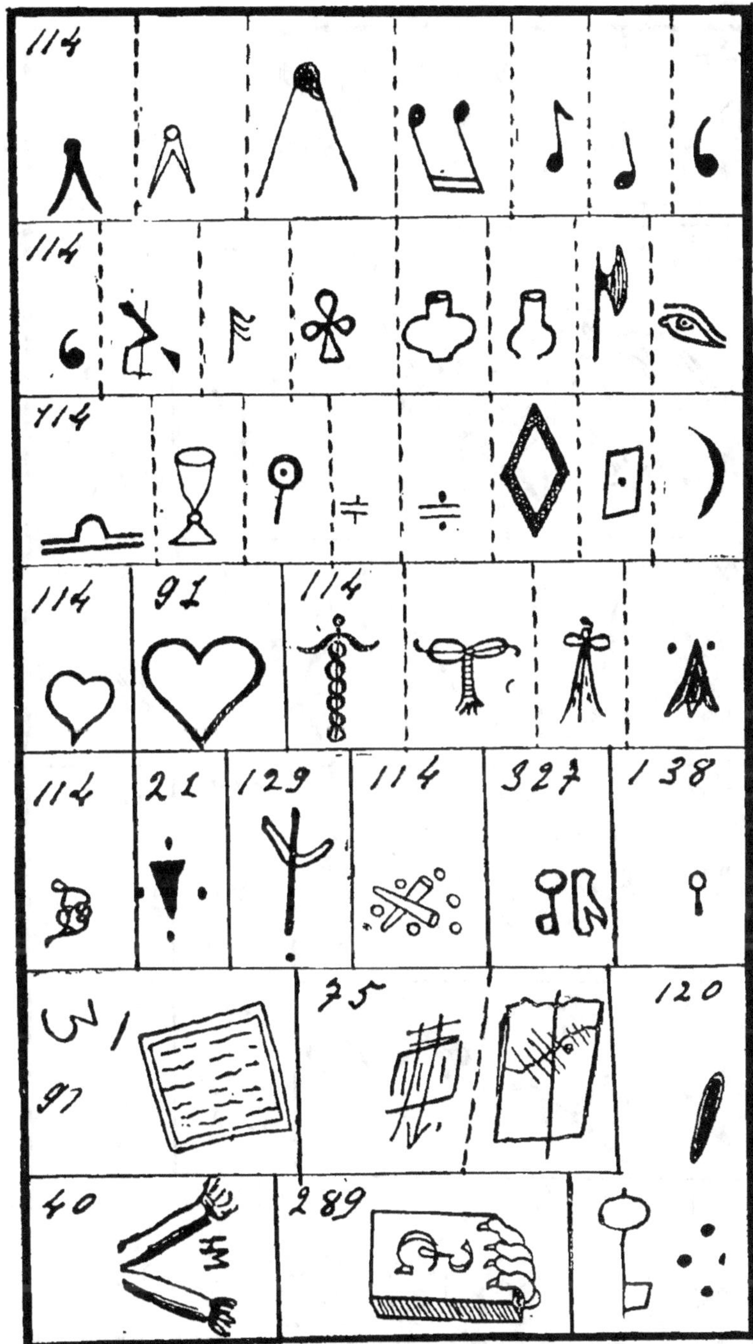

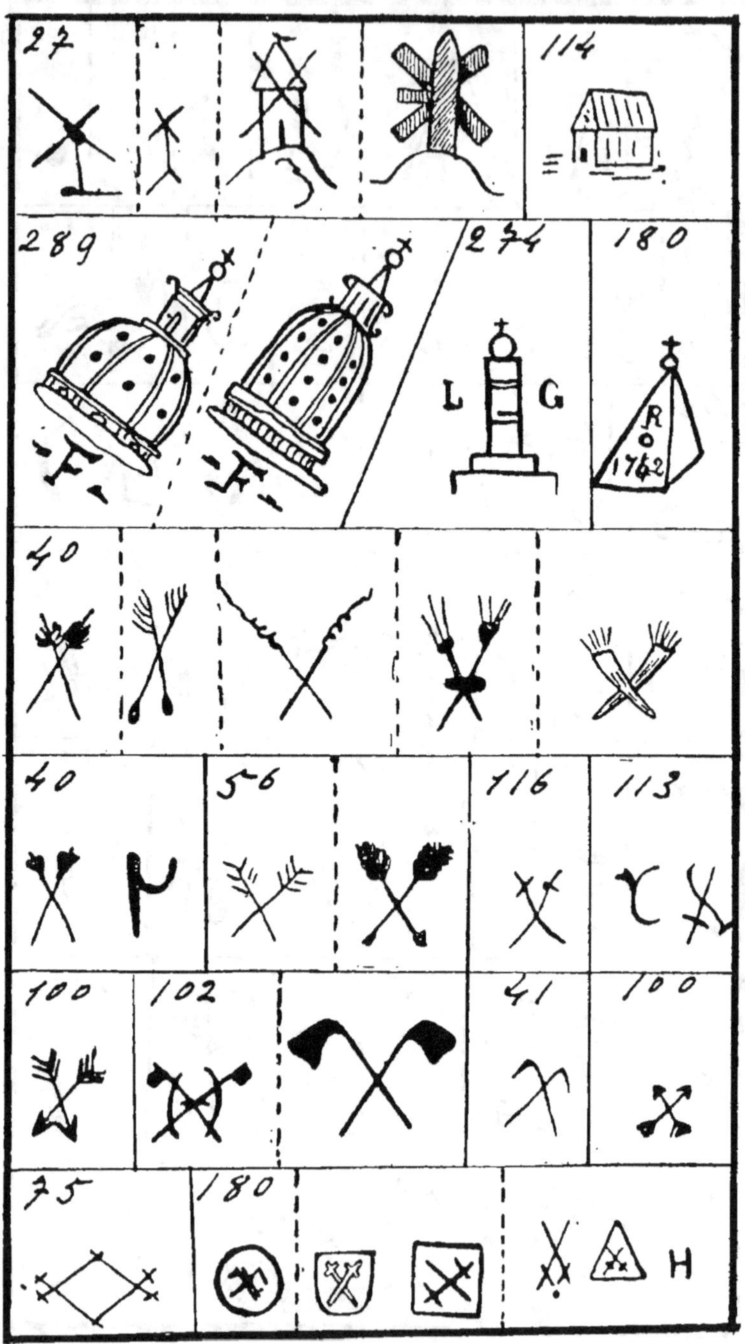
27
114
289
274
180
40
40
5-6
116
113
100
102
41
100
75
180
L G
R O 1742
H

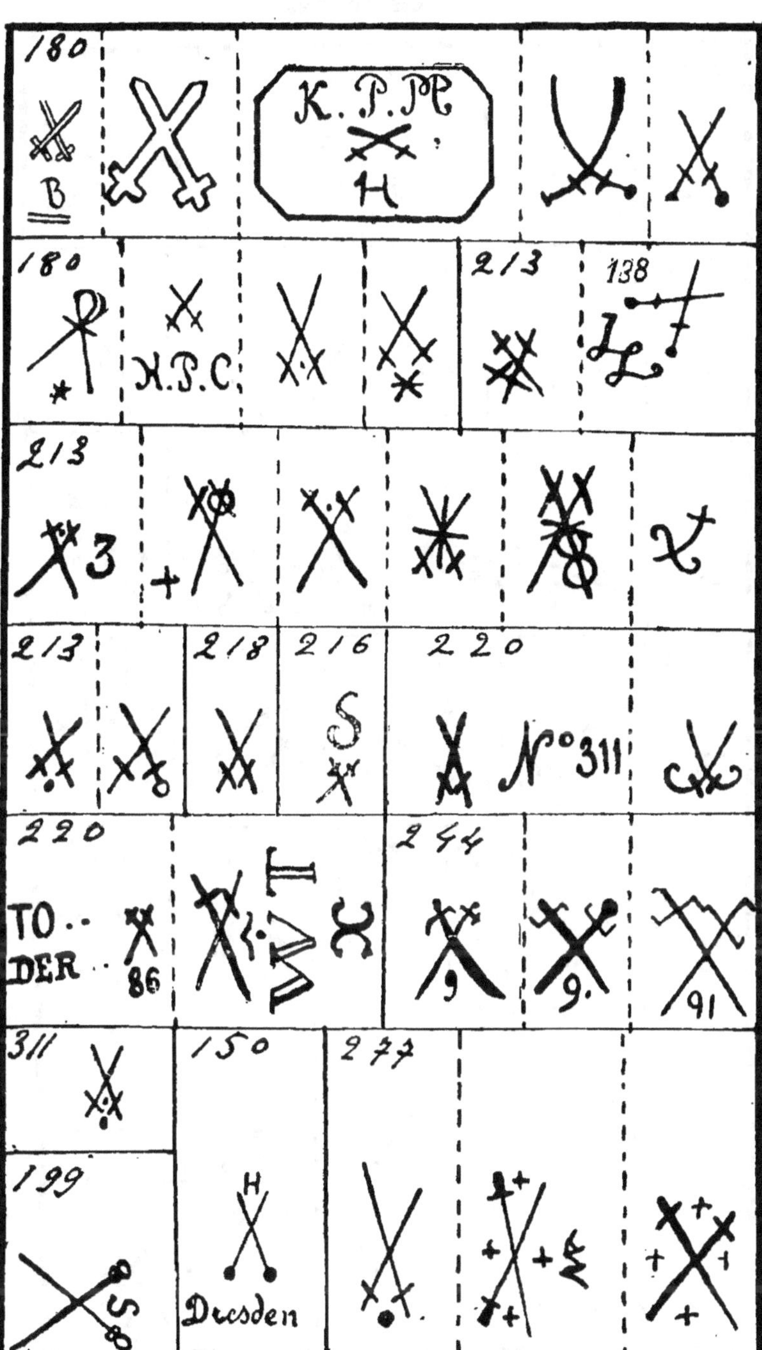

277				
	K· P A			

277	314			
	I D·	W		

244		134		

134					

193		244		138
			H Z	O

138	263	
		F &. M

156	196	203
H S	R-n	w n2 ð

203		322	141	140	
165	184				
193	211				
133	303	286	114		
114			180		
180					244
331				323	280

171	176	100		
100				
100.	114			88
88	100	280		
280				
280				
280				

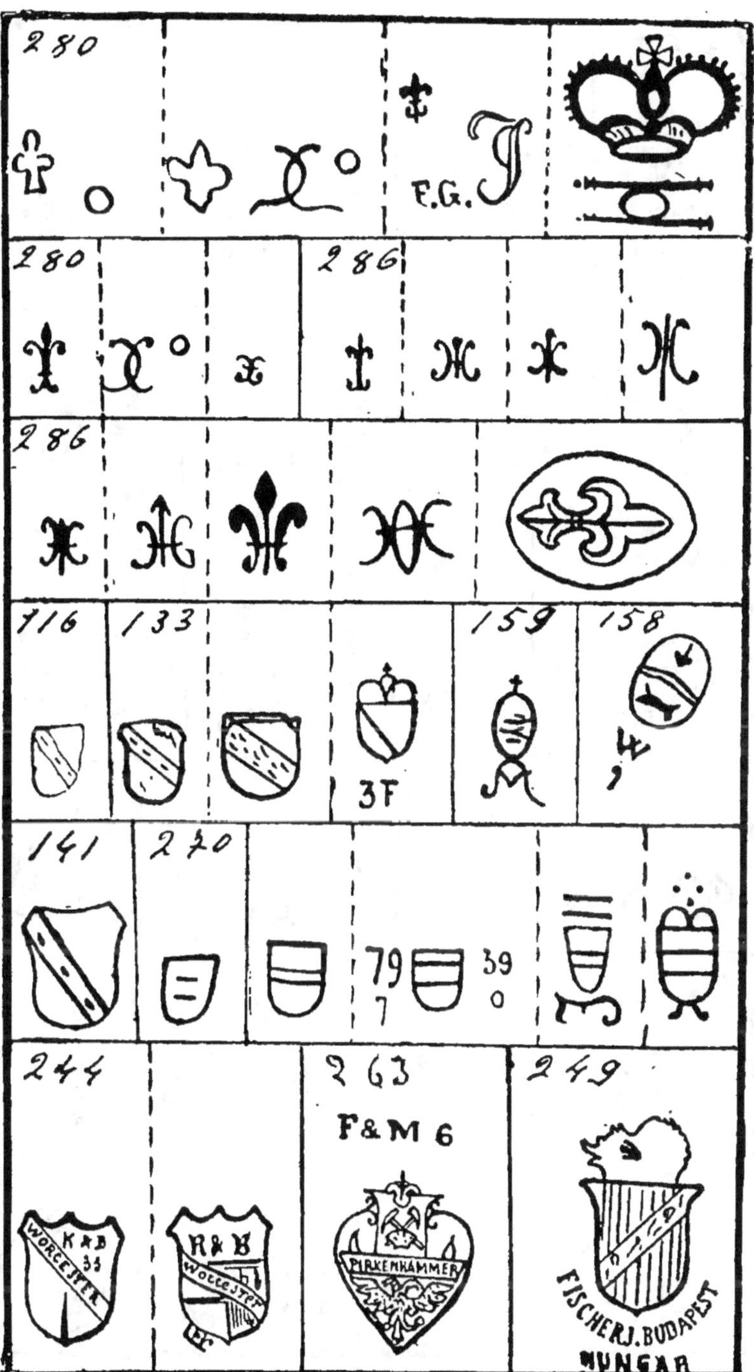

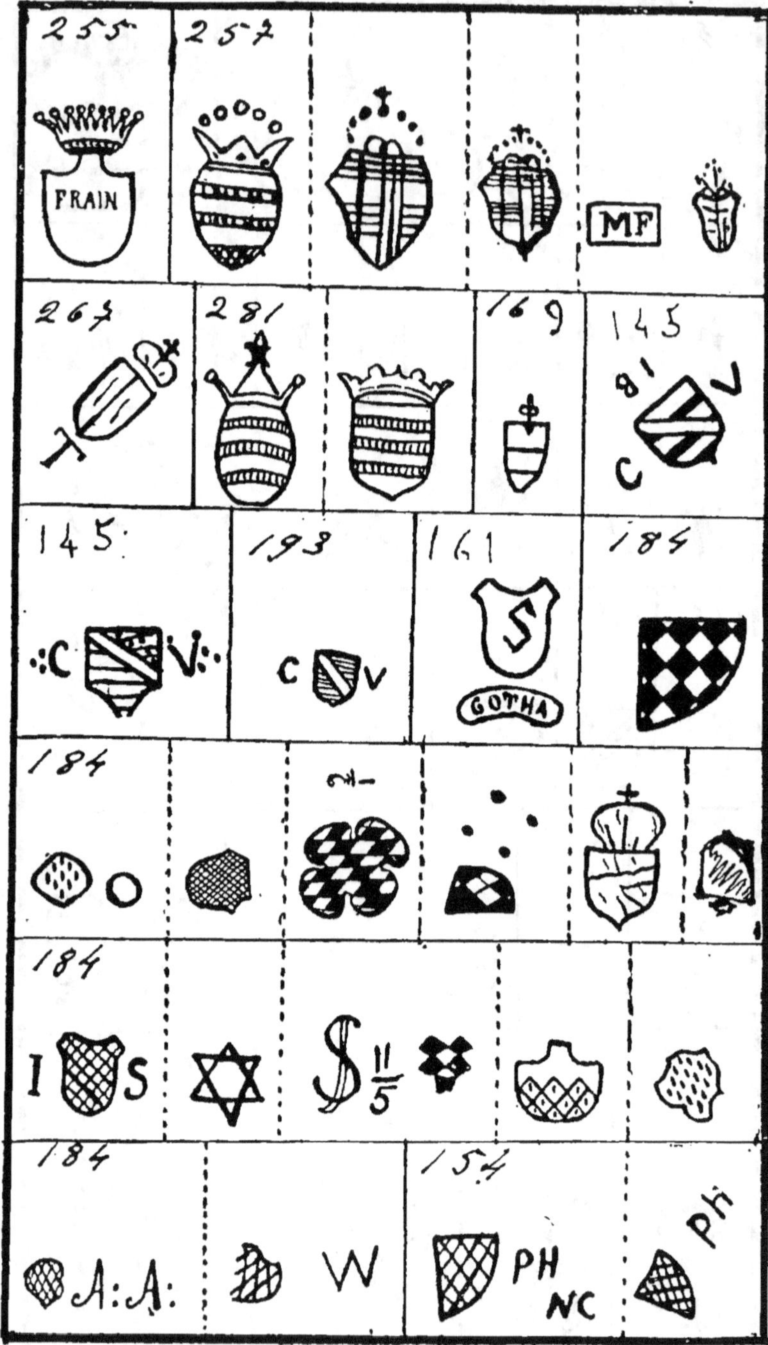
255
257
267
281
169
145
FRAIN
MF
B
C
145:
193
161
184
C V
C V
S
GOTHA
184
184
I S
184
154
A:A.
W
PH
NC
PH

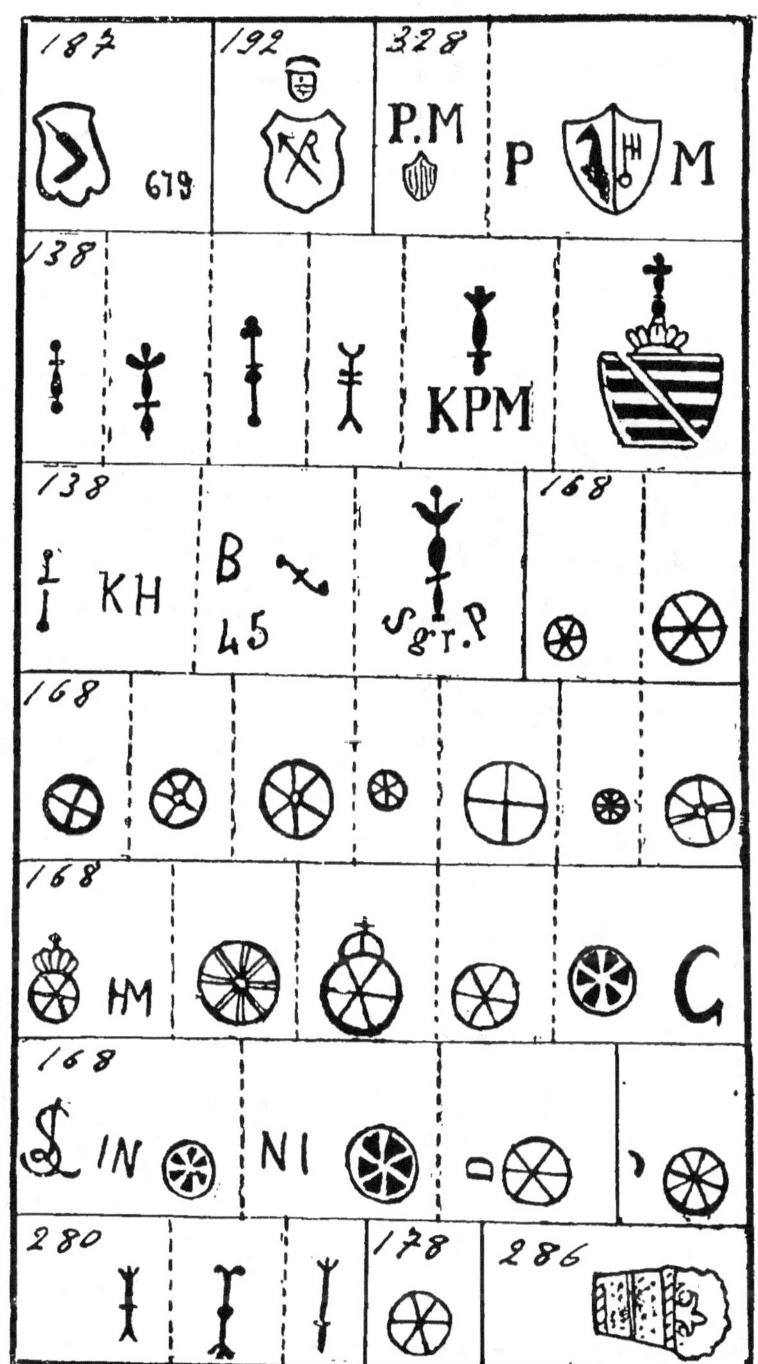
187
192
328
619
P.M
P
M
138
KPM
138
KH
B
45
Sgr.P
168
168
HM
G
168
IN
NI
D
280
178
286

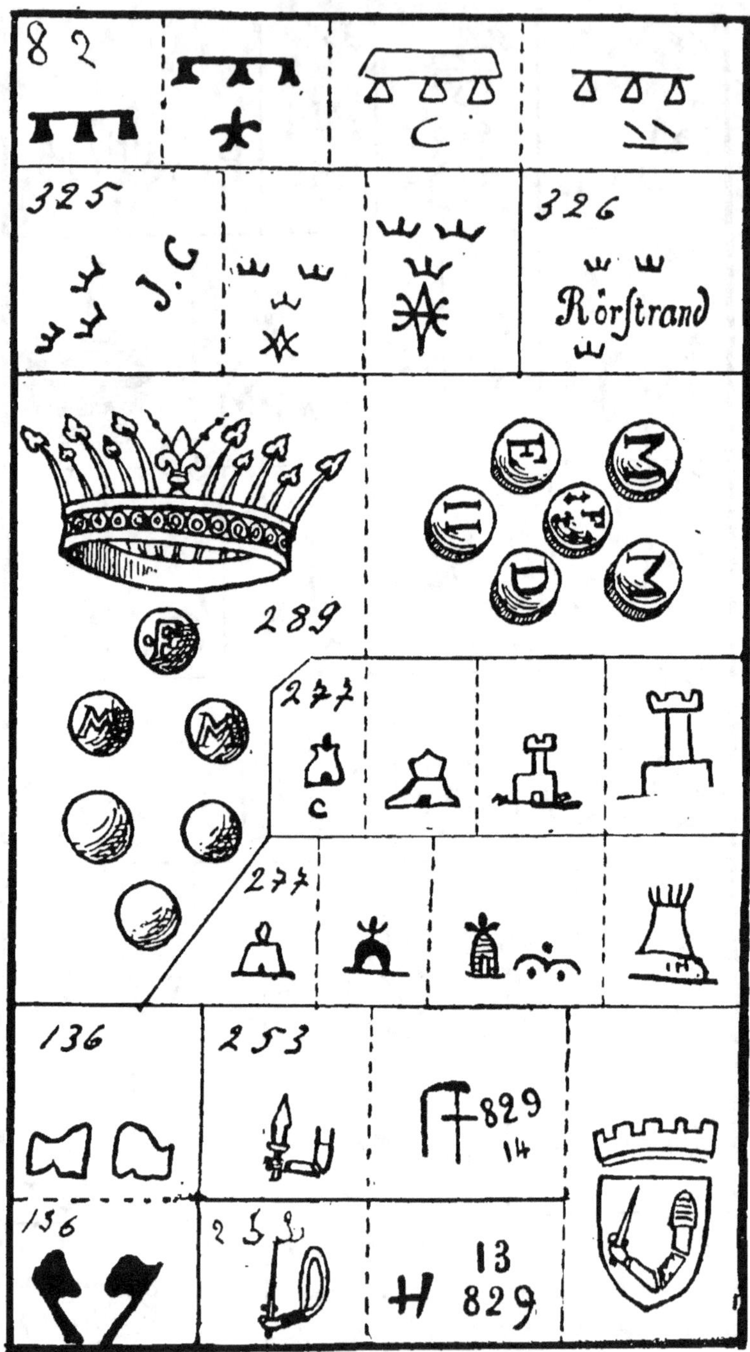
8 2
325
J.C
326
Rörstrand
289
277
277
136
253
829
14
136
253
13
829

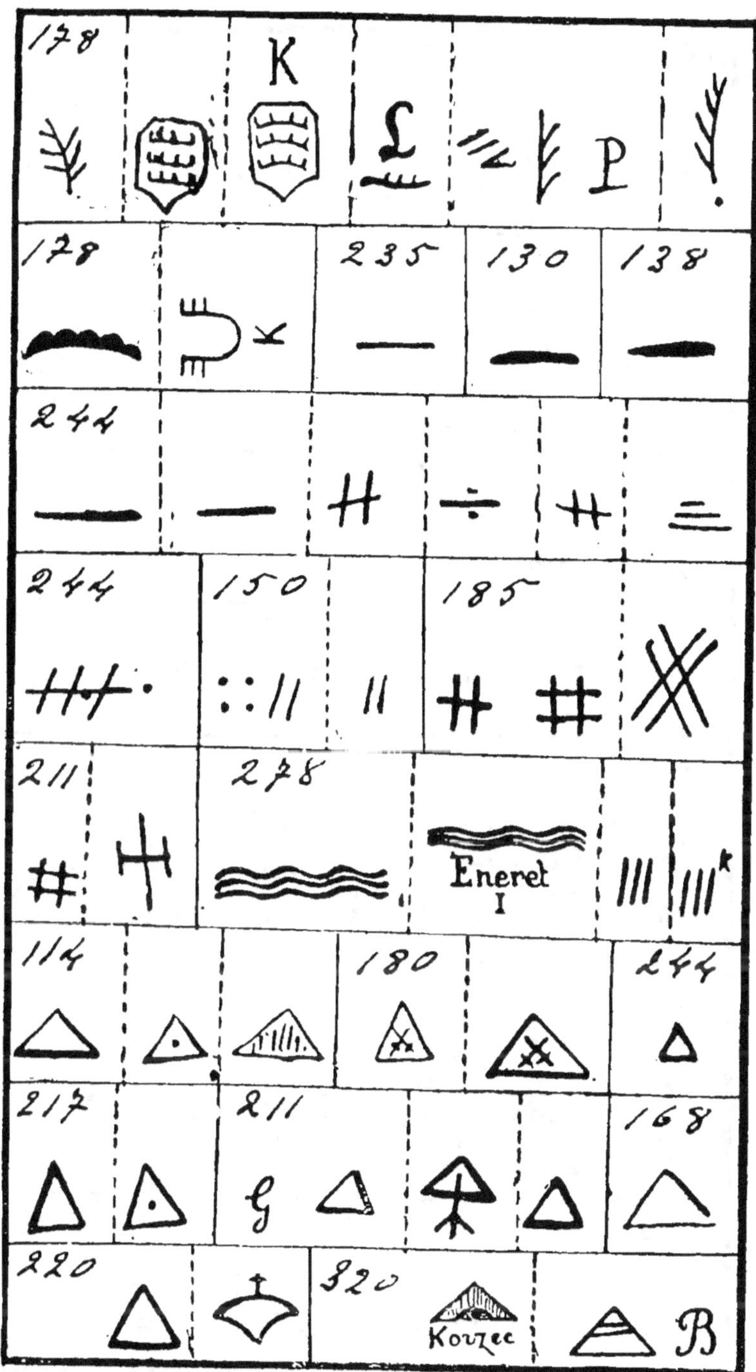

178
K
178   235   130   138
244
244   150   185
211   278
Eneret
I
114   180   244
217   211   168
220   320
Korzec
B

320		14	27		58

60			322	

280	289	270
	morthe	MN

MARQUES RUSSES (2e partie)

323					

323				

323				

356

341

G² 9 G G

Г G XX

341 G 112
33
ГАРДНЕРЪ

341
ГАРДНЕРЪ

319
ФГ
ГУЛИНА

341
ГАРДНЕРЗ

ГАРДНЕРЪ

334
Барановка

345

Братьевъ
Корниловыхъ
въ С Петербургъ

359
ТЕРИХ С ВЫХЪ
и
КИСЕЛЕВА

337
С. П. Б.
НАСЛ. БАТЕН

361
Archangelski 1896

337
С. З. К. Б.

357	348	333		356
Г.ФРОМОВА С		АУЕРБАХЪ AVERBACH		|| O

343	342	360	353	339
МЕЖИГОРЬЕ		ВП	Ж	Я ХЖ

338	358	350		335
НХ	ВС	М.С.КУЗНЕЦОВА		БАРМИНА

352	336	349	344	347
ДЛ	Ф БВ	СТК		ПК

343	356	346		355
КIЕВЪ 1931		Korzec		:ПОБКОУИНН

340	351
Д	АМ

FRANCE

1 **Angoulême,** p. d. 1819. M. coul.
2 **Arboras,** p. d. 1830 M. coul.
3 **Arbre-Sec,** Paris. p. d. 1812. Gambier M. coul.
4 **Arbre-Sec,** Paris, p. d. 1837. Meslier M. coul.
5 **Arbre-Sec,** p. d. 1843. Bernon. M. coul.
6 **Arras,** p. f. 1770-90. M. coul et simi.
7 **Bac,** r. du, Paris. p. d. 1820. Leplé. M. coul et simi.
8 **Bac,** p. d. 1830. Julienne. M. coul. et simi.
9 **Boissette,** p. d. 1778. M. coul. et simi.
10 **Bondy,** r. de, Paris. p. d. 1781-1829. M. coul et simi.
11 **Bondy,** № 22 Paris. p. d. v. 1810. M. coul. et simi.
12 **Bordeaux,** p. d. 1778-93. M. coul. et simi.
13 **Bordeaux,** p. f. et d. 1836 à nos jours. M. coul.
14 **Boulets,** r. des, Paris, Pont aux Choux et Amelot. 1784-93. p. d. M. coul. et simi.
15 **Bourg-la-Reine,** p. f. 1773-1806. M. coul. et simi.
16 **Brancas-Lauraguais,** p. f. 1764-68. M. coul. simi.
17 **Caen,** p. d. 1797-1806. M. cr. et simi.
18 **Capucines,** r. des, Paris p. d. V. 1800. M. coul. et simi.
19 **Carrousel,** r. du. Paris. p. d. 1774-1800. M. coul. et simi.
20 **Caumartin,** r. Paris. Dec. 1725-1800. M. coul.
21 **Chantilly,** p. f. 1725-1800. M. coul. et simi.
22 **Chantilly,** p. d. 1803-70. M. coul. et simi.
23 **Charonne,** r. de Paris. p. d. 1795-1840. M. coul. et simi.
24 **Chatillon,** p. d. 1775. M. coul et simi.
25 **Cité,** quai de la. Paris. p. d. 1790-1825. M. coul.
26 **Clichy,** r. de Paris, p. d. v. 1789. M. coul.
27 **Clignancourt,** p. d. 1771-98. M. coul. et sim.i
28 **Colmar,** p. d. 1803. M. coul.

104

29 **Coqillière**, r.. № 50. Paris. p. d. M. coul. et simi.

   Coqillière, № 12. Paris. p. d. 1812. M. coul. et simi.

30 **Crépy en Valois**, p. t. 1762-70. M. coul. et simi.

31 **Creil et Montereau**, p. t. anglaise et p. d. 1819-63. M. coul.

32 **Crusol**, r. de. Paris. p. d. 1789-1807. M. coul. et simi. p. d.

33 **Crusol**, № 8. Paris. p. d. 1800-56. M. coul et simi.

34 **Escalier de Cristal**. V. Palais Royal.

35 **Eauplet**, pâte de verre. 1708-36. M. coul.

36 **Etioles**, p. t. et p. d. 1768. M. coul. et simi.

37 **Fay-aux-Loges**, pâte de verre. 1710-36. M. coul

38 **Fismes**, p. t. anglaise. M. coul.

39 **Foëcy**, p. d. 1802 à nos jours. M. coul.

40 **Fontaine-au-Roy**, r. Paris. p. d. 1771-1841. M. coul. et simi.

41 **Fontainebleau**, p. d. 1793 à nos jours. M. coul. et simi.

42 **Fontaines**, cour des. Paris. p. d. 1800-40. M. coul.

43 **Galeries du Louvre**, Paris p. d. 1793. M. coul

44 **Giey-sur-Aujon**, p. d. 1800-40. M. coul.

45 **Gramont**, Bd de. Paris. p. d. 1778. M. coul

46 **Grenelle-St-Germain**, r. de. p. d. Paris. V. 1815.

47 **Gresillons**, r. des. Paris. p. d. 1819-40. M. coul

47 bis **Gros-Caillou**, p. d. 1773. M. coul Paris.

48 **Italiens**, Bd des. Paris. p. d. №19. V. 1830. M. et simi.

49 **Italiens**, Bd des. Paris. V. 1830. p. d. M. coul et simi

50 **Jeu de boules**, P-ge du. Paris, p. d. 1847. M. coul.

51 **Jour,** r. du, Paris. p. d. 1825-28. M. coul.

52 **Chaussée-d'Antin,** r. de la, Paris, p. d. 1815. M. Coul.

53 **Harpe,** r. de la. Paris. p. d. v. 1850· M. coul.

54 **Paix,** r. de la. Paris. p. d. 1820. M. coul.

55 **Paix,** r. de la. No 11. Paris, p. d. 1820. M. coul. et simi

56 **Roquette,** r. de la. Paris. p. d. 1773. M. coul. et simi.

57 **Roquette,** r. de la. Paris. p. d. 1774. M. coul. et simi.

58 **La Scynie,** p. d· 1774 à 1850. M. coul.

59 **La Ville-l'Evêque,** r. de. Paris, p. t. 1711-66. M. coul. et simi.

60 **Lille,** p. t. M. coul. et simi. 1711-30.

61 **Lille,** p. d. M. coul. et simi. 1784-1817·

62 **Limoges,** p. d. 1784-1817. M. coul. et simi.

63 **Limoges,** route de Paris, p. d. 1817 à nos jours. M. coul.

64 **Limoges,** place des Carmes, p. d. 1845· M. coul.

65 **Limoges,** av. Garibaldi. p. d. 1842 à nos jours. M. coul.

66 **Limoges,** Frg Monjovis. p. d. 1842 à nos jours. M. coul.

67 **Lorient,** p. d. 1790-1810. p. d. M. cr.

68 **Lunéville,** bisc. de 1760-80.　M. à la pointe et coul.

69 **Mandar,** cour. Paris. p. d. av. 1799. M. coul.

70 **Marseille,** p. d. 1776-93. M. cr. coul. et simi

71 **Mennecy,** p. t. 1754-73. M. cr. coul· et simi.

72 **Montmartre,** Bd et r.. Paris, p. d. 1815-73. M. coul. et simi.

73 **Montmartre,** Bd No 5. p· d. 1806. M. coul.

74 **Montrmartre,** Bd No 16. p. d. v. 1840.

75 **Montreuil-sous-Bois,** p. d. 1815-73. M. coul. et simi.

76 **Nantes,** p. d. 1800. M. coul.

77 **Nevers,** p. d. 1809· M. coul.

106

78 **Niderviller**, p. d. 1765-1827. M. coul et simi.

79 **N.-D.-de-Nazareth**, Paris, p. d. 1800-40. M. coul.

80 **N.-D.-des-Champs**, r.. Paris, p. d. V. 1800. M. coul.

81 **Opéra**, Pge de l'. Paris. p. d. 1840. M. coul.

82 **Orléans**, p. t. 1753 et d. 1769-1812. M. coul. et simi.

83 **Palais-Royal**, Paris. Déc-on 1892-39. M. coul.

84 **Paradis-Poissonnière**, r.. Paris, p. d. v. 1830. M. Coul.

85 **Paradis-Poissonnière**, r. № 8, Paris, bis. 1832-1870. M. coul.

86 **Perche**, Déc-on. V. 1825. M. coul.

87 **Plombières**, p. d' V. 1825. M. coul.

88 **Pont-aux-Choux**, V. Boulets.

89 **Pont-aux-Choux**, r. du. Paris, p. d. 1777-84. M. Coul.

90 **Pontenx**, p. d. V. 1788. M. coul.

91 **Popincourt**, r., Paris, p. d. 1782-1835. M·coul. et simi.

92 **Popincourt**, r.. Paris, p. d. 1797. M. coul. et simili.

93 **Récollets**, r. des. Paris. p. d. 1793-1825. M. coul. et simili·

94 **Reuilly**, Barrière de, Paris. p. d. 1779-1835. M. coul. et simili.

95 **Reuilly**, r. de, Paris, p. d. 1774-78. M. coul et simi.

96 **Rouen**, p. t. 1673. M. coul· et simi.

97 **Rouen**, p. t. 1743. M. coul. et simi.

98 **St-Amand-les-Eaux**, p. t. et d. 1771-78 et 1800. à nos jours. M. coul.

99 **St-Antoine**, r· du Fg, Paris, p. d. 1773. M. coul. et simi.

100 **St-Cloud**, p. t. 1677-1776. M. coul. et simi.

101 **St-Cloud**, Filiale de St-Cloud, dite la Ville-l'Evêque.

102 **St-Deniset, St-Lazare,** r. du Frg. Paris, p. d. 1771-1827. M. coul. et simi.

103 **St-Denis,** r. du Frg. № 168. Paris. p. d. 1803-35. M. coul. et simi.

104 **St-Denis,** r. Nve, Paris, p. d. fin XVIIIe. M. coul.

105 **St-Denis,** Ile. Paris. 1778. p. d. M. coul. et simi.

106 **St-Gilles,** P-te r., Paris P. d. 1785-1867. M. coul. et simi.

107 **St-Honoré,** r. № 160. Paris, p. d. 1807-11. M. coul.

108 **St-Honoré,** r. du Frg, № 50, Paris, p. d. 1815. M. coul.

109 **St-Louis,** r.. Paris, p. d. V. 1827. M. coul.

110 **St-Martin,** Bd. Paris, p. d. 1837-70. M. coul.

111 **St-Merry,** r. Paris, p. d. 1807-49. M. coul p.d.

112 **Saou,** p. d. 1814. M. coul.

113 **Sceaux,** p. t. 1749-75. M. coul. et simi.

114 **Sèvres-Vincennes,** p. t. et d. 1738 à nos jours. M. coul. et simi. et les marques des artistes de la manufacture.

115 **Sèvres,** p. t. 1844-52.

116 **Strasbourg,** p. d. 1721-54 et 1766-80. M. coul. et simi.

117 **Taranne,** r.. Paris. p. d. 1763-1878. M. coul.

118 **Thiroux,** r.. Paris, 1775-1860. p. d. M. coul. et simi.

119 **Tours,** p. d. 1776-83. M. coul.

120 **Valenciennes,** p. d. 1785-95 et 1800. M. coul. et simi.

121 **Valognes et Bayeux,** p. d. 1793. M. coul.

122 **Vaugirard-lez-Paris,** p. d. av. **1800. M.** coul.

123 **Vaux,** p. d. 1769-70. M. coul.

124 **Vendrennes**, p. d. av. 1800. M. coul.

125 **Vierzon**, p. d. 1815. M. coul. et simi.

126 **Vincennes**, p. d. 1765-88. M. coul. et simi.

127 **Vivienne**, r. Paris, p. d. v. 1805. M. coul. et simi.

128 **Marques indéterminées.** 1771.

129 **Marques incertaines françaises.**

ALLEMAGNE

30 **Alt-Haldensleben**, p. d. 1826. M. coul.

131 **Alt-Wasser**, p. d. 1845. M. coul.

132 **Amberg**, f. f. 1757. M. coul.

133 **Anspach**, p. d. 1760-62. M. coul.

134 **Arnstadt**, p. d. v. 1770 ou 90. M. coul.

135 **Augsbourg**, p. d. 1717. M. coul.

136 **Bade**, p. d. 1750 ou 53-78. M. coul.

137 **Bayreuth**, p. d. 1720. M. coul. et simi.

138 **Berlin**, p. d. 1750 à nos jours. M. coul. et simi.

139 **Blankenheim**, p. d. 1817. M. coul.

140 **Breslau**, p. d. 1721 (?). M. coul.

141 **Bruckberg**, p. d. 1762 ou 64_ 1807. M. coul.

142 **Buckau**, p.d. 1833. M. coul.

143 **Cassel**, p. d. 1766-88. M. coul.

144 **Charlottenbourg**, p. d. 1760. M. coul et cr.

145 **Closter-Veilsdorf**, p. d. 1760. coul et simi.

146 **Colditz**, f.f. 1804. M. coul.

147 **Coin-Meissen**, p. d. M. coul.

148 **Cologne**, p. d. et f. f. 1830. M. coul.

149 **Damm**, f. f. et p. d. 1825 ou 30. M. coul.

150 **Dresde**, p. d. v. 1708. M. coul. et simi.

151 **Durlach**, p. d. 1718. M. coul.

152 **Elgersbourg**, p. d. 1708. M. coul.

153 **Francfort-sur-le-Mein**, p. d.

154 **Frankenthal**, p. d. 1750 à 1800. M. coul. et simi.

155. **Fribourg**, p. d. 1747. M. coul.

156 **Freiwaldau**, p. d. 1842. M. coul.

157 **Fulda**, p. d. 1763-89. M. coul. et simi.

158 **Furstemberg,** p. d. 1744. M. coul. et simi.

159 **Gera, p.** d. 1779. M. coul. et simi.

160 **Goeggingen,** p. d. M. coul. et simi.

161 **Gotha,** p. d. 1750 à nos jours. M. coul. et simi.

162 **Grossbreitenbach,** p. d. 1771-1880. M. coul. et simi.

163 **Grunstadt,** p. d. v. 1809. M. coul et simi.

164 **Hambourg,** grès comt. XIXᵉ. M. coul.

165 **Harbourg,** f. f. et p. d.

166 **Hermsdorf,** XIXᵉ, p. d.

167 **Hildesheim,** p. d. 1760. M. coul. et simi.

168 **Hoechst-sur-le-Mein,** p. d. 1749-1798. M. coul. et simi.

169 **Hohenberg,** p. d. 1814. M. coul.

170 **Hornberg,** p. d. XIXᵉ. M. coul.

171 **Ilmenau,** p. d. 1777. M. coul.

172 **Kelsterbach,** p. d. **1760. M. coul.**

173 **Königsberg,** f. f. 1776. M. coul.

173 bis**Königsberg,** p. d.

174 **Landsberg,** p. d. fin XVIIIᵉ. M. coul.

175 **Lichte,** p. d. 1880, M. coul.

176 **Limbach,** p. d. 1762. M. coul. et simi.

177 **Limbach,** près d'Alsbach, p. d. 1772. M. coul.

178 **Louisbourg,** p. d. 1758-1824. M. coul. cr. et simi.

179 **Magdebourg,** f. f. M. cr.

180 **Meissen,** p. d. 1709 à nos jours. M. coul. cr. et simi.

181 **Moabit,** p. d. 1835. M. coul.

182 **Neuhaus,** p. d. 1750. M. coul.

183 **Neuhaus,** (Saxe). p. d. 1731. M. coul.

184 **Nymphembourg,** p. d. **1741 à nos** jours. M. coul., cr. et simi.

185 **Plaue,** p. d. 1817. M. coul.

186 **Popelsdorf,** p. d. 1755-1863. M. coul.

187 **Possneck,** p. c. M. cr.

188 **Proskau,** f. f. 1763-1817. M. cr.

110

189 **Ratisbonne**, p. d. 1808. M. coul.
190 **Rauenstein**, p. d. 1783 à nos jours. M. coul.,
cr. et simi.
191 **Reichenstein**, p. d. 1835. M. coul. et simi.
192 **Roschutz**, p. d. 1811· M. coul.
193 **Rudolstadt**, p. d. 1750 à nos jours. M. coul,.
cr. et simi.
194 **Salzrode** p. d. v. 1759. M. cr.
195 **Schaala**, p. d. 1841. M. cr.
196 **Sitzendorf**, p. d. 1845· Marque simi à Plaue.
197 **Tettau**, p. d. 1794. M. coul. cr. et simi.
198 **Thuringe**, p. d. M. coul. et simi.
199 **Tiefenfurt**, p. d. M. coul.
200 **Ulm**, p. d. 1816-23· M. cr.
201 **Untermhaus**, p. d. 1780 à nos jours. M. coul.
et cr.
202 **Waldembourg**, p. d. M. coul.
203 **Wallendorf**, p. d. 1763. M. coul., cr. et simi.
204 **Weimar**, p. d·. fin XVIIIe. M. coul.,(cr. et
simi.
205 **Wurtzbourg**, p. d.. fin XVIIIe. M. coul.
206 **Zell**, p. d. 1807. M. cr.
207 **Zweibrucken**, p. d. 1744-95. M. coul. et simi.
208 **Zwickau**, p. d. 1845 a nos jours· M. coul.

ANGLETERRE

209 **Bayswater**, p. t.
210 **Birmingham**, p. t. 1778.
211 **Bow**, p. t. (d. ?) 1744-76.M. coul. et simi
212 **Badwell**, poterie. 1690-1710. M. coul. cr
et simi.
213 **Bristol**, p. d. 1768-1882· M. coul. cr. et simi.
214 **Burslem**, p. t. XVIIIe et XIX . M. coul. cr. et
simi.
215 **Castelford**, p. d. et f. f. 1790-1854. M. cr.
216 **Caughley**, p. t. 1775-1814. M. coul. cr. et
simi.

217 **Chelsea,** p. t. 1745. 70 ou 84. M. cr. et simi.

218 **Coalport,** p. t. 1785-fin XIXe M. coul. et simi.

219 **Cobridge,** p. 1821-36. M. cr. et simi.

220 **Derby,** p. t. 1750 à nos jours. M. coul. cr. et simi.

221 **Dublin,** p. t. fin XVIIIe. M. coul et simi.

222 **Etruria,** p. t. fin XVIIIe M. coul. et simi.

223 **Fenton,** p. t. v. 1740. M. coul.

224 **Ferry-Bridge,** f. f. camès. hisc. fin XVIIIe.

225 **Fulham,** p. coul. et cr.

226 **Hanley,** p. t. 1750-1860. M. cr. et simi.

227 **Isleworth,** p. t. terre rouge. 1760-1825. M. cr. et simi.

228 **Lane Delph,** p. t. 1745-1850. M. coul. cr. et simi.

229 **Lane End,** p. t. 1762-1837. M. coul. cr. et simi.

230 **Liverpool.** p. t et d. v. 1755-1890. M. coul. cr. et simi.

231 **Longport,** p. t. 1793 à nos jours. M. coul. cr. et simi

232 **Longton-Hall,** p. t. 1752. M. coul. cr. et simi.

233 **Lowestoft,** p. t. et d. 1756-1803. M. coul. cr. et simi

234 **Mansfield,** p. t. 1800-04. M. coul.

235 **Nantgarw,** p. t. 1823-28. M. cr. et simi.

236 **Pinxton,** p. t. 1794-1800. M. coul. et cr.

237 **Plymouth,** p. d. 1768-72. M. coul et simi.

238 **Shelton,** p. t. et d. 1782. M. coul. et simi.

239 **Stoke-Upon-Trent,** f. f. et p. XIXe. M. cr.

239 **Stoke-on-Trent,** p. t. et d. 1770 à nos jours. M. coul. cr. et simi.

241 **Swansea,** p. t. 1790-1817. M. coul. cr. et simi.

242 **Swinton,** p. t. 1820. M. coul. et simi.

243 **Tunstall,** f. f. (p.? 1770-1828. M. coul. cr. et simi

112

244 **Worcester**, p. t. 1751 à nos jours. M. coul. cr.
et simi

245 **Yarmouth**, p. t. fin XVIIIe. M. coul. cr. et
simi.

AUTRICHE

246 **Aich**, p. d. 1848. M. coul.
247 **Altrohlau**, p. d. v. 1800. M. coul. cr.
248 **Bistritz**, f. f. 1790. M. cr.
249 **Budapest**, p. d. XIXe. M. coul., cr. et simi.
250 **Budau**, p. d. 1825. M. cr.
251 **Dallwitz**, p. d. 1802. M. cr.
252 **Dessendorf**, p. d. M. cr.
253 **Elnbogen**, p. d. 1815 à nos jours. M. coul.
254 **Fischern**, p. d. 1844. M. coul. et smi.
255 **Frain**, f.f. XIXe. M. coul.
256 **Hegewald**, 1850. M. cr.
257 **Herend**, p. d. v. 1800 à nos jours. M. cr. et
simi.

258 **Hirchen**, p. d. 1848. M. coul.
259 **Hohenstein**, f. f. 1810. M. cr.
260 **Hollitsch**, p. d. fin XVIIIe. M. cr. et simi.
261 **Karlsbad**. p. d. XIXe. M. coul.
262 **Kloesterle**, p. d. 1798. M. cr.
263 **Pirkenhammer**. p. d. 1807 à nos jours. M.
coul. et simi.

264 **Prague**, p. d. 1830. M. cr. et simi.
265 **Schlaggenwald**, p. d. 1795 à nos jours. M.
coul. et simi.

266 **Tannova**, p. d. 1800. M. coul.
267 **Tata**, p. d. M. coul.
268 **Teinitz**, p. d. M. cr.
269 **Tetschen**. p. d. XIXe. M. cr. et simi.
270 **Vienne**, p. d. 1818-1864. M. coul. cr. et simi.

BELGIQUE

271 **Andennes**, f. f. 1899. M. cr. coul.
272 **Arlon**, f. f. XVIIIe. M. cr.

273 **Bruxelles,** p. d. 1786. M. coul. cr. et simi.

273 bis **Ixelles,** p. d. M. coul.

274 **Liège,** f. . V. 1780. M. coul.

275 **Namur,** f. f. V. 1800. M. cr.

276 **Nimy,** f. f. M. coul

277 **Tournay,** p. f. 1750 à nos jours. M. coul. et simi.

DANEMARK

278 **Copenhague,** p. f. et d. 1756 à nos jours. M. coul. et simi.

ESPAGNE

279 **Alcora,** p. f. 1726 à nos jours. M. coul. et simi.

280 **Buen Retiro,** p. f. et d. 1760-1859. M. coul. et simi.

281 **Gerona,** p. d. M. coul.

282 **Palma,** f. f. M. cr.

283 **Sargadelos,** p. f. et d. 1830. M. coul.

284 **Séville.** f. f. XIXe. M. coul.

285 **Valence,** f. f. et p. f. M. cr.

ITALIE

286 **Capo-di-Monte,** p. f. et d. 1743-1821. M. coul. et simi.

287 **Doccia,** p. f. et d. 1735 à nos jours. M. coul. et simi.

288 **Este,** p. f. v. 1783. M. cr.

289 **Florence,** p. f. v. 1570. M. coul et simi.

290 **Malvia,** p. M. coul.

291 **Mantoue,** p. f. M. coul.

292 **Milan,** p. d. fin XVIIIe. M. coul. cr. et simi.

293 **Murano,** p. d. fin XVIIIe. M. coul.

294 **Naples,** f. f. et p. d. 1793. M. cr.

295 **Nove,** p. f. (d. ?), 1752-1839. M. coul. cr. et simi.

296 **Pesaro,** f. f. et p. f. v. 1786. M. coul.

114

297 **Rome**, p. d. 1832. M. cr.

298 **St-Christophe**, p. d. M. coul.

299 **Trevise**. p. d. fin XVIIIe à la fin du XIXe· M. coul.

300 **Turin**, p. d. 1833. M. coul. et cr

301 **Venise**, p. t. et d. 1720-1812. M. coul. cr et simi.

302 **Vicence**, p. t. comt XIX. M. coul.

303 **Vineuf**, p. d. 1776-1820. M. coul. cr. et simi.

LUXEMBOURG

304 **Echternach**, f. f. XIXe. M. cr.

305 **Sept-Fontaines**, p. d. 1767-1806. M. coul. cr. et simi.   —

PAYS - BAS

306 **Oude Amstel**, p. d. 1784 fin XVIIIe. M. coul. et simi.

307 **New Amstel**, p· d. 1808-10. M. coul.

308 **Amsterdam**, p. d. comt XVIIIe. M. coul.

309 **Arnheim**, p. d. 1772. M. coul.

310 **Delft**, p. d. comt XVIIIe. M. cr.

311 **La Haye**, p, d. (t. ?) 1775. M. coul. cr· et simi.

312 **Loosdrecht**, p. d. 1772-84. M. coul. cr. et simi.

312 **Rotterdam**, p. d. M. coul. et simi.

314 **Weesp**, p. d. 1764-71. M. coul.

PORTUGAL

315 **Lisbonne**, grès cérame 1775-85. M. cr.

316 **Forto** p. t. et f. f. M. coul.

317 **Vista Alegre**, p. d. 1790 à nos jours. M. coul.

RUSSIE (1re partie)

318 **Baranowka**, M. coul.

319 **Kiew**, 1798. M· coul.

320 **Korzec**, 1803. M. coul.

321 **Lubartow**, grès. 1842. M. coul.

322 **Moscou**, Gt de. 1758-1830. M. coul. et simi.

323 **St-Petersbourg**, Gt de S. 1744 à nos jours. M. coul. cr. et simi.

SUEDE

324 **Gustafsberg,** p. d 1820. M. coul. et simi.
325 **Marieberg,** p. t. et d. 1768-88. M. coul. et simi.
326 **Rorstrand,** p. t. et d. 1726 à nos jours.

SUISSE

327 **Carouge,** p. d. 1820. M. coul. et simi.
328 **Genève,** p. d. 1786. M. coul. et simi.
329 **Nyon,** p. d. 1781-1813. M. coul. et simi.
330 **Winterthur,** p. t. et d. M. coul.
331 **Zurich,** p. t. et d. 1763-1800. M. coul. cr. et
simi.
332 **Marques incertaines étrangères.**

RUSSIE (2ᵉ Partie)

333 **Auerbach,** Gt Tver. 1812. M. cr.
334 **Baranowka,** Gt de Wolynie. 1803. M. coul.
335 **Barmine,** Gt de Wladimir. 1813. M. coul.
336 **Barmine,** Gt de Moscou 1820.
337 **Batenine,** Gt de St-Petersbourg. 1812. M. cr.
338 **Chrapounoff,** Gt de Moscou. comt XIXe M.
coul.
339 **Chrapounoff Novï,** Gt de Moscou. 1811. M.
coul.
240 **Dounacheff,** Gt de Moscou. 1833. M. coul.
341 **Gardner,** Gt de Moscou. 1757. M. coul.
342 **Gouline,** Gt de Moscou. 1830. M. coul.
343 **Kieff Mejigorie,** Gt de Kieff. 1798. M. coul.
344 **Kisseleff,** Gt de Moscou. M. coul.
345 **Korniloff,** Gt de St-Petersbourg, 1835. M.
coul.
346 **Korzec,** Gt de Wolynie. fin XVIIIe. M. coul.
347 **Kosloff,** Gt de Moscou. 1820. M. coul.
348 **Koudinoff,** Gt de Moscou. 1810. M. coul.
349 **Kousnetzoff,** à Doulevo. Gt de Moscou. M.
coul.
350 **Kousnetzoff,** mᵉ s. Gt de Moscou. comt XIXe
M. coul.

351 **Miklacheffsky,** Gt de Tchernigoff. 1830. M. coul.

352 **Nasonoff,** Gt de Moscou. 1811. M. coul.

353 **Novaï,** Gt de Moscou. comt XIXe. M. coul.

354 **Popoff,** Gt de Moscou. 1811. M. coul.

355 **Poskotchine,** Gt de St-Petersbourg. 1817. M. cr.

356 **St-Petersbourg,** fabrique imple. 1744. Mt coul. et cr.

357 **Safronoff,** Gt de Moscou. M. 1850. M. coul. et cr.

358 **Sabanine,** Gt de Wladimir. 1850. M. coul.

359 **Térichoff et Kisseleff,** Gt de Moscou, 1830. M. coul.

360 **Wsewolojski et Polivanoff,** Gt de Moscou. 1813. M. coul.

361 **P. Yousoupoff,** Gt de Moscou. 1814. M. coul.

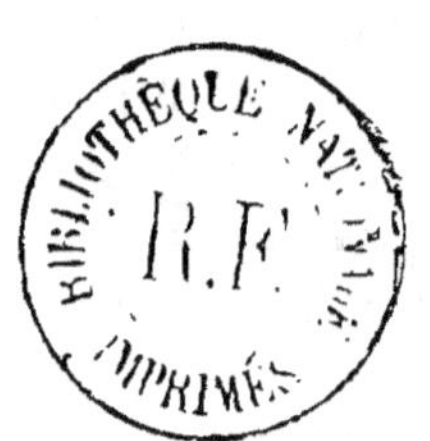

TABLE

IMP. D'ART VOLTAIRE, O. ZELUK, DIRECTEUR, 34, RUE RICHER, PARIS IX.

www.ingramcontent.com/pod-product-compliance
Lightning Source LLC
LaVergne TN
LVHW020535060726
842525LV00004B/1202